KB233416

종합 이탈리아어 핵심 문법
CIAO, GRAMMATICA!

종합 이탈리아어 핵심 문법
CIAO, GRAMMATICA!

발 행   2021년 03월 31일

저 자   조문환
발행인   이재명
발행처   삼지사

등록번호   제406-2011-000021호
주 소   경기도 파주시 산남로 47-10
전 화   031)948-4502, 948-4564
팩 스   031)948-4508

CIAO, GRAMMATICA!

쟈오, 그람마티카!

조문환 지음

단계별 이탈리아어 문법 학습서
이탈리아어 필수문법 총정리

SAMJI BOOKS

서문

언어는 한 언어공동체의 마음과 문화를 표현하는 도구이므로 한 나라의 다양한 실체를 파악하기 위해서는 해당 언어에 대한 지식이 필수 선행조건이다. 외국어를 학습하는 일은 매우 흥미롭고도 매력적인 일이지만 우리의 언어와 계통이 다른 외국어를 내 것으로 만드는 일이란 쉬운 작업이 아니며 상당한 노력과 사용을 통해 체화 과정을 거쳐야만 하는 매우 전문적인 일이라 할 수 있다. 한 언어와 관련한 문법의 지식, 화용의 지식, 사회문화적 지식 가운데 문법의 지식이야말로 외국어 학습자로 하여금 새로운 언어에 다가갈 수 있게 해주는 가장 중요하고도 기본적인 도구이다. 따라서 새로운 외국어학습은 확고한 문법에서 시작된다고 할 수 있다.

이탈리아어는 대표적인 굴절어의 하나로서 복잡한 문법체계를 기반으로 하고 있다. 고정적이지 않은 변화형과 우리에게 익숙하지 않은 어휘들을 암기해야 하기 때문에 이탈리아어 초보 학습자들은 심리적으로 부담을 갖을 수도 있다. 반면 이탈리아어는 논리를 바탕으로 잘 체계화된 문법을 소유하고 있고 소수의 예외 조항들만을 허락하기 때문에 대부분의 경우 정해진 규칙의 틀 내에서 언어가 운용되는 장점을 갖고 있기도 하다. 따라서 잘 짜여진 문법규칙들을 정확하게 익히고 사용한다면 이탈리아어가 더욱 배우기 쉬운 언어가 될 것이라 확신한다.

본서는 이탈리아어 기초학습서로서 이탈리아어에 관심이 있는 일반 학도들을 위한 것이다. 어렵지 않으면서도 중요한 포인트들을 놓치지 않는 책을 만들어 보고자 노력하였으며 실제 살아 있는 예시들만을 수록하려 주의하였다. 본서 탄생의 순간에 성실한 원어 교정과 유익한 조언을 아끼지 않은 Sara Lis Ventura 선생에게 감사의 뜻을 전한다.

이 책은 총 30과로 구성되어 있으며 각 과별로 기초문법, 어휘 플러스, 해석, 연습문제의 4개 영역을 두어 학습자들이 간결하면서도 명확하게 부문별 문법의 개념을 익힐 수 있도록 배려하였다. 학습의 순서에 따라 단계별로 짜여진 본서를 충실히 따라가기를 바라며, 이 책으로 공부한 모든 학습자들이 어느 단계에서 곧 이탈리아어에 대한 자신감과 능력을 발견하는 기쁨을 맛보길 기대한다. 부오노 스투디오!

2010년 여름
저자 조 문 환

차례

VALLE D'AOSTA
Aosta
PIEMONTE
Torino
Cuneo
Asti
Alessandria
Novara
Vercelli
Pavia
LOMBARDIA
Milano
Como
Varese
Bergamo
Brescia
Sondrio
Cremona
Mantova
TRENTINO ALTO ADIGE
Bolzano
Trento
VENETO
Verona
Vicenza
Padova
Treviso
Venezia
Rovigo
Belluno
FRIULI VENEZIA GIULIA
Tarvisio
Udine
Pordenone
Gorizia
Trieste
LIGURIA
Genova
Savona
Imperia
La Spezia
EMILIA ROMAGNA
Piacenza
Parma
Reggio nell'Emilia
Modena
Bologna
Ferrara
Ravenna
Forlì
Rimini
TOSCANA
Massa
Lucca
Pistoia
Pisa
Firenze
Livorno
Arezzo
Siena
Grosseto
Elba
SAN MARINO
Pesaro
MARCHE
Ancona
Macerata
Ascoli Piceno
UMBRIA
Perugia
Orvieto
Terni
LAZIO
Viterbo
Rieti
Roma
CITTÀ DEL VATICANO
Frosinone
Latina
ABRUZZI
Teramo
Pescara
L'Aquila
Chieti
MOLISE
Isernia
Campobasso
CAMPANIA
Caserta
Benevento
Napoli
Avellino
Salerno
PUGLIA
Foggia
Barletta
Andria
Bari
Brindisi
Taranto
Lecce
Otranto
BASILICATA
Potenza
Matera
CALABRIA
Cosenza
Catanzaro
Reggio di Calabria
SARDEGNA
Olbia
Sassari
Nuoro
Oristano
Cagliari
SICILIA
Messina
Palermo
Trapani
Taormina
Caltanissetta
Enna
Catania
Agrigento
Siracusa
Ragusa

이 책을 시작하기 전에 알아두세요!

1. 책의 내용 중에 가끔씩 등장하는 *표시는 비문법적인 틀린 문장을 표시하고 있습니다.

2. ▶ 표시 부분은 해당 문법의 핵심체크 내용입니다.

3. 문장 앞 ? 혹은 ?? 표시는 의미적으로 이상한 비문법의 문장을 나타내는 기호입니다.

4. ∅ 표시는 있어야 할 어떤 문법의 요소가 다른 곳으로 이동한 빈자리 내지 생략되어 없는 자리임을 표시합니다.

5. 이탈리아어에서 하나의 단어는 여러 형태로 굴절할 수 있습니다. 따라서 단어의 뜻을 새길 때는 사전에 등재되어 있는 기본 형태를 찾아보아야 합니다. "해석" 부분에 등장하는 기호 Ⓝ Ⓥ Ⓐ ● 는 각각 명사, 동사, 형용사, 기타의 카테고리를 의미합니다.

6. 초보 학습자들을 위하여 이 책의 초반부에서는 등장하는 어휘와 문장에 대해 가능한 한 자세한 한글 해석이 달려 있습니다. 하지만 학습자 여러분의 어휘와 문법이 확장되면 이러한 작업은 더 이상 불필요할 것으로 여겨집니다. 따라서 후반부로 갈수록 불필요한 한글 번역과 단어의 뜻풀이는 점차 줄어들게 됩니다. 사전을 찾아보거나 혼자의 힘으로 문장의 뜻을 파악하는 것도 중요한 학습의 한 부분입니다. 스스로의 능력으로 점차 해결점을 찾아보세요.

7. 이 책은 학습의 순서를 고려하여 단원이 구성되어 있습니다. 따라서 한 과 한 과의 내용에 대한 확실한 이해가 다음 과들로 가기 위한 전제 조건입니다. 그러나 초기 단계에서는 아직 배우지 않아 알 수 없는 문법의 요소들이 속속 등장할 수밖에 없습니다. 그러한 부분들은 체크해 두셨다가 나중에 해결하시기 바랍니다.

그럼 새로운 외국어의 세계로 여러분을 안내하겠습니다. 자! 이제 한번 들어가 볼까요!

0 이탈리아어의 철자와 발음

1 이탈리아어 개관

이탈리아어는 인도-유럽 어족의 하나인 라틴어에서 유래하며 기원후 6~9세기경 등장한 일군의 로망스어에 기원을 두고 있다. 따라서 이탈리아어와 프랑스어, 스페인어, 포르투갈어, 루마니아어 사이에는 문법적, 어휘적 유사성이 존재한다. 긴 세월 동안 지식인의 언어로 여겨지던 라틴어로부터 해방되어 진정한 언어로 독립하기까지 이탈리아어는 기나긴 시간과 수많은 논쟁을 거쳐 왔으며 정치적 통일의 부재 탓에 근세에 이르기까지 수많은 방언으로 분할되어 왔다. 변하지 않는 학교와 문법의 언어, 문학과 지식인의 언어가 고전 라틴어였던 것과 마찬가지로 이탈리아어가 진정한 언어로서 인정되기 위해서는 라틴어만이 소유하고 있다고 믿었던 우월성과 문학성을 보여 주어야 했다. 속어 이탈리아어 문학은 단테, 페트라르카, 보카치오를 통해 황금기를 맞이하게 되고 후대 지식인들은 그 이후로 이어지는 세기들 속에서도 14세기의 이탈리아어에 대한 향수를 버리지 못하였다. 결국 14세기 토스카나 문인들의 이탈리아어는 문어체 이탈리아어의 형성에 지대한 영향을 미쳐 오늘에 이른다. 그러나 이탈리아어에 대한 지식인들의 논쟁의 핵심은 탁월한 문학어의 정립이었기 때문에 19세기에 이르기까지 민중들의 구어체 문제는 철저히 소외되어 있었다. 각기 다른 방언을 사용하던 이탈리아에 통일과 더불어 의사소통의 언어에 대한 문제가 본격적으로 제기되어 모두가 사용할 수 있는 공통언어의 정립 노력이 이루어진 이후 신문, 매스컴, 산업화, 이주와 같은 현대 산업사회의 여러 요인들에 힘입어 이탈리아는 구어체에서도 어느 정도의 통일을 이루게 되었다. 이탈리아어는 구어체보다 문어체의 정립이 훨씬 먼저 이루어졌으며 문어체의 확립에는 과거의 토스카나어가, 구어

체의 확립에는 현대의 토스카나 지방어와 로마 지방어가 지대한 영향을 미쳤다고
할 수 있다. 이탈리아어는 이탈리아 반도 내 약 육천만의 인구가 사용하는 언어이다.

2 이탈리아어의 철자(L'alfabeto)

이탈리아어의 알파벳은 21개의 철자로 구성되어 있다. 자음 16개와 모음 5개(a,
e, i, o, u)가 그것이다. 그러나 외국어의 인명, 고유명사인 지명, 외래어, 고전어
등을 표시하기 위한 5개의 철자(J, K, W, X, Y)가 더 사용되기도 한다.

문자	발음		문자	발음	
Aa	[a]	아	Nn	['enne]	엔네
Bb	[bi]	비	Oo	[o]	오
Cc	[tʃi]	치	Pp	[pi]	삐
Dd	[di]	디	Qq	[ku]	꾸
Ee	[e]	에	Rr	[erre]	에레
Ff	['effe]	에페	Ss	[esse]	에쎄
Gg	[dʒi]	지	Tt	[ti]	띠
Hh	['akka]	아까	Uu	[u]	우
Ii	[i]	이	Vv	[vu]	부
Ll	['elle]	엘레	Zz	['dʒeta]	제따
Mm	['emme]	엠메			

기타

Jj	[i lunga]	이 룽가	Xx	[iks]	익스
Kk	[kappa]	깝파	Yy	[ipsilon]	입실론
Ww	[doppia vu]	돕삐아 부			

▸ 현대 이탈리아어에서 J는 I로, K는 C로, W는 V로, Y는 I로의 음가를 갖는다.

3 이탈리아어의 음소(fonemi)

1) 모음(vocali)

이탈리아어에는 a(아), e(에), i(이), o(오), u(우) 5개의 모음이 있으나 7개의 음소로 실현된다.

e와 o가 각각 개음(예. lei, moda)과 폐음(예. sera, rombo)으로 발음될 수 있기 때문이다.

전설모음(vocali anteriori): /ɛ/, /e/, /i/ (예. pelle, mela, vino)

중설모음(vocali centrali): /a/ (예. casa)

후설모음(vocali posteriori): /ɔ/, /o/, /u/ (예. soglia, coda, luna)

고모음: /i/, /u/

중모음: /e/, /o/

저모음: /ɛ/, /a/, /ɔ/

2) 자음(consonanti)

이탈리아어의 16개 자음들은 21개의 음소로 실현된다.

/p/ 무성 양순 파열음 (예. pizza, pane)

/b/ 유성 양순 파열음 (예. barca, bottiglia)

/m/ 비강 유성 양순 파열음 (예. madre, maggio)

/t/ 무성 치음 파열음 (예. testa, tovagliolo)

/n/ 비강 유성 치음 파열음 (예. naso, nobile)

/ɲ/ 비강 유성 구개 파열음 (예. gnocchi, gnomo)

/k/ 무성 연구개 파열음 (예. casa, chiodo, quattro)

/g/ 유성 연구개 파열음 (예. gatto, ghiaccio)

/ts/ 무성 치음 파찰음 (예. zuppa, zio)

/dz/ 유성 치음 파찰음 (예. zero, zaino)

/tʃ/무성 치경구개 파찰음 (예. cena, cielo)

/dʒ/ 유성 치경구개 파찰음 (예. gelato, ginocchio)

/f/ 무성 순치 마찰음 (예. fratello, frigorifero)

/v/ 유성 순치 마찰음 (예. vaso, vista)

/s/ 무성 치경 마찰음 (예. sale, stato)

/z/ 유성 치경 마찰음 (예. sbaglio, sbarra)

/ʃ/ 무성 치경구개 마찰음 (예. scena, sci)

/r/ 치경 진동 유음 (예. regina, regola)

/l/ 치경 설측 유음 (예. lato, latte)

/ʎ/ 구개 설측 유음 (예. famiglia, meglio)

3) 반자음(semiconsonanti)

반모음(semivocali)이라고도 부르며 구개반자음 /j/와 순음 /w/가 이에 해당한다.

/j/ 구개 활음 (예. piatto, siepe)

/w/ 연구개 활음 (예. acqua, fuoco)

> 모음은 혀의 전후방성, 고저 그리고 입술의 원순성이라는 상대적 기준에 따라
> 구분되는 반면 자음은 (기음여부), 유성성, 조음위치, 조음방식의 차이에 따라
> 구분된다. 기음은 기식음의 유무에 따라 유기음과 무기음으로 구분되고, 유성성
> 은 성대의 진동 여부에 따라 유성음과 무성음으로 구분된다. 조음위치에 따라
> 순음(labiale), 순치음(labiodentale), 치음(dentale), 치경음(alveolare), 치
> 경구개음(alveopalatale), 구개음(palatale), 연구개음(velare) 등으로 구분되

며 조음방식에 따라 파열음(occlusiva), 파찰음(affricata), 마찰음(costrittiva), 유음(liquida) 등으로 구분된다.

▶ 일반적으로 -ello(a), -erio(a), -enza, -estro(e, a), -endo, -ente 등으로 끝나는 어휘와 축소사 없는 어휘 속 이중모음 -ie-에서는 개음 e로 실현되며 -eccio, -eggio, -ese, -ezza, -mento 등으로 끝나는 어휘와 동사원형 -ere, 부사어 -mente, 축소사로서의 -etto(a) 등에서는 폐음 e로 실현된다. 따라서 cancello, padella, desiderio, feria, influenza, palestra, terrestre, destra, sentendo, sapiente, piede 등은 개음으로 발음되는 반면 casareccio, parcheggio, pugliese, sicurezza, appartamento, leggere, sicuramente, armadietto, borsetta 등은 폐음으로 발음된다. 한편 마지막 모음에 악센트가 있는 단어, 끝에서 세 번째 음절에 악센트를 지닌 학술어휘, -olo, -uolo, -otto 등의 접미어에서는 개음 o로 실현되는 반면 -oce, -onda, -onte, -ore, -oso, -posto, -zione, -one로 끝나는 어휘에서는 폐음 o로 실현된다. 즉 però, termometro, figliolo, lenzuolo, giovanotto에서는 개음 o로 발음되지만 feroce, sponda, ponte, amore, furioso, contrapposto, presentazione, mangione에서는 폐음 o로 발음된다. 개음과 폐음을 완벽하게 구별하는 것은 외국인뿐 아니라 이탈리아인에게도 불가능에 가까운 일이라 할 수 있지만 개음과 폐음의 구별만으로 동음이의어를 이루는 어휘쌍들이 존재한다는 것 정도는 기억할 필요가 있다. (예. pésca 낚시, pèsca 복숭아)

4 이탈리아어의 발음(pronuncia)

이탈리아어는 쓰인 대로 발음되므로 청각적으로 매우 명확한 음성체계를 갖고 있다. 쓰인 대로 발음하되 다음의 규칙들은 준수되어야 한다.

C

ca(까) ce(체) ci(치) co(꼬) cu(꾸)

ca(까) che(께) chi(끼) co(꼬) cu(꾸)

G

ga(가) ge(제) gi(지) go(고) gu(구)

ga(가) ghe(게) ghi(기) go(고) gu(구)

GL

gla(글라) gle(글레) gli(리) glo(글로) glu(글루)

GN

gna(냐) gne(네) gni(니) gno(뇨) gnu(뉴)

H

발음하지 않음

R

설전음

SC

sca(스카) sce(쉐) sci(쉬) sco(스코) scu(스쿠)

▶ b/v, f/p, l/r의 발음의 차이에 주의해야 한다.

▶ mancare와 같은 -nc- 발음은 [-ㄴㅋ-]가 아니라 [-ㅇㅋ-]로 연음된다. mangiare
와 같은 -ia- 발음은 [이 아]가 아니라 [야]로 발음됨에 유의하여야 한다.

▶ 각 단어마다 고유의 악센트가 존재한다는 사실에 유의해야 한다. 이탈리아어의
악센트는 기본적으로 라틴어에서 속어로 전환되는 과정에서 유래하였으며 라틴
어의 마지막에서 두 번째 음절(penultima sillaba)은 이탈리아어의 악센트 형성
에 중요한 영향을 미쳤다. 어휘 악센트의 위치는 다음의 규칙에 의해 고정되었
다.

① penultima sillaba가 자음으로 끝나는 폐음절일 경우, 이 음절의 모음이 장음이

든 단음이든 모두 장음으로 간주하여 악센트를 받는 위치가 된다.
 (예. CON-DŬC-TUS → CONDÚCTUS)
② penultima sillaba가 모음으로 끝나는 개음절일 경우, 이 음절의 모음이 단음이
  면 앞 음절이 악센트 위치가 되고 장음이면 이 음절에 악센트의 위치가 된다.
 (예. LE-GĔ-RE → LÉGERE, DO-CĒ-RE → DOCÉRE)

따라서 이탈리아어의 악센트는 대개 끝에서부터 두 번째 음절(parole piane 예.
sapone)에 올 가능성이 많으며 그 다음으로는 끝에서부터 세 번째 음절(parole
sdrucciole 예. tavolo)에 올 수 있다. 그러나 끝 음절(parole tronche 예. verità),
끝에서부터 네 번째 음절(parole bisdrucciole 예. ditemelo), 끝에서부터 다섯
번째 음절(parole trisdrucciole 예. recitamelo) 등 악센트의 출현 위치는 예견
불가능하므로 사전 상에서 확인해야 한다. 이 가운데 끝 음절에 악센트가 있는 경우
에는 철자 상으로도 악센트 표기가 되어야 한다.

▶ ‘ca’ 나 ‘co’ 같은 발음은 경음(까, 꼬)이나 격음(카, 코), 혹은 그 사이의
   발음이므로 한글에서 혼용 표기하였다.
▶ 이탈리아어에서 이중모음(dittongo) 혹은 삼중모음(trittongo)은 하나의 음절로
   취급되어 하나의 음소로 발음되는 경우도 있고(예. fiato, fiume, miei, guai)
   분리된 음절(iato)로 발음되는 경우도 있다(예. paese, fotografia, triangolo).
▶ 개모음(`)이든 폐모음(´)이든 어휘 내에서 일일이 표기하지 않으나 끝모음에
   악센트가 올 경우에는 반드시 표기된다.(예. università 우니베르시타, verità
   베리타, virtù 비르투)

5 모음의 생략(elisione)

이탈리아어는 일반적으로 모음과 모음이 충돌하는 경우 무강세인 앞 모음을 생략하

고 apostrofo를 붙일 수 있다.

1) 의무 생략의 경우

① 정관사, 부정관사 혹은 전치사관사의 경우

　l'amico, dell'opera, un'amica

② 형용사 bello, quello의 경우 (bella, quella의 경우 생략형태도 가능하지만 의무 사항은 아님)

　un bell'albero, quell'immagine

③ santo와 santa의 경우

　sant'Agata, sant'Anselmo

④ 장소부사 ci + essere: c'è, (*c'arriva)

⑤ 기타 숙어적으로 굳어진 몇몇 표현: a quattr'occhi, l'altro ieri, senz'altro, d'ora in poi

▶ 현대 문어체에서 아포스트로포의 사용은 줄어드는 추세에 있다. (gl'ingegneri → gli ingegneri; *l'erbe → le erbe)

2) 주로 생략이 일어나지만 의무는 아닌 경우

① 전치사 di + i- : d'inverno, d'improvviso

② 무강세 인칭대명사: l'incontrai, l'ha ospitato

③ 형용사 questo: quest'anno

④ come+essere: com'è bella! (*com'immaginerai)

3) 생략이 일어나지 않는 경우

① 강세 있는 앞 모음: un blu intenso, qui in alto

② 반자음 i 앞에서: di ieri (l'uomo, l'uovo)

③ 목적어인 접어대명사 le, li: le do un regalo, li regalo io

④ 무강세 인칭대명사 ci + i가 아닌 모음의 단어: ci osserva (*c'osserva)

6 절단(troncamento)

마지막 모음 혹은 한 단어의 마지막 음절을 절단할 수 있는 경우들이 있다. 단어의 마지막 음절이 'l, m, n, r + 모음'의 형태일 경우(예. in tal caso, possiam venire, ben detto, far soldi)와 'signore, professore, dottore, ingegnere, cavaliere, commendatore, suora + 고유명사'의 경우에 이러한 현상이 일어날 수 있다.

1) 모음절단이 의무인 경우
① buono, bene, uno, alcuno, nessuno, ciascuno의 경우
   (예. un buon vino, ben arrivato, nessun motivo)
② 일부 '직업명 + 고유명사'의 경우
   (예. il signor Martini)
③ 부정사 + 무강세 대명사의 경우
   (예. amarlo)

2) 모음절단이 수의적인 경우
① tale와 quale: in tal caso, qual è il mio?
② 일부 동사의 부정사 표현: andar via, prestar fede
③ 일부 표현: in fin dei conti, mal di stomaco

3) 음절절단의 경우
① 'bello, quello, grande, santo, frate'의 경우
   (예. un bel giardino, quel ragazzo, un gran giorno,
        *un gran uomo, san Francesco, fra Cristoforo)
② 일부 표현 (modo, poco): a mo' di, un po' di

7 음절의 분리

음절은 음소와 단어의 중간 음운 단위이다. 음절의 분리는 다음의 규칙에 따라 구분된다.

① 모음+자음+모음의 형태(semplice vocale)

  ora: o-ra   amico: a-mi-co

② 자음+모음+자음의 형태(consonante e vocale)

  muro: mu-ro   secolo: se-co-lo

③ 이중모음(dittongo)

  dieci: die-ci   pieno: pie-no

④ 두 개의 자음과 모음(più consonanti e vocale)

  primo: pri-mo   libro: li-bro

⑤ l, r, m, n은 앞쪽에 붙인다(a sinistra)

  molto: mol-to   porta: por-ta

  tempo: tem-po   cinque: cin-que

⑥ s(impura)는 뒤쪽에 붙인다(a destra)

  busta: bu-sta   questo: que-sto

⑦ 같은 자음이 겹칠 때는 그 중간을 분리한다(doppia consonante divisa).

  penna: pen-na   tutto: tut-to

8 구두점과 악센트(Segni d'interpunzione e accento)

1) 구두점

  .   punto

  …   puntini

,   virgola

« », " ", ' ' virgolette (basse, alte, semplici)

;   punto e virgola

-, — trattino (breve, lungo)

:   due punti

/ sbarretta

? punto interrogativo

* asterisco

! punto esclamativo

( ), [ ] parentesi (tonde, quadre)

▶ : 는 앞에 언급한 것에 대한 설명 내지 하위구성요소의 나열, 직접화법의 내용을
그대로 언급함

▶ ; 는 긴 등위문(frasi coordinate)을 분리하거나 긴 텍스트를 조각들로 분리함
(예. Per identificare le consonanti dell'italiano bisogna tener conto di
tre fattori fondamentali: a) il modo in cui vengono articolate; b) il
luogo in cui vengono articolate; c) il tratto della sordità o della sonorità
che può caratterizzarle.)

▶ -는 두 단어나 단어의 일부 간 연결을 표시, 결속하는 기능
(예. por-tie-re, banca-impresa, la cooperazione euro-asiatica, l' 8-9
dicembre 등)

▶ —는 : 다음에 직접화법을 유도할 때, — —는 , , 내지 ( ) 표시의 대용으로
사용됨(예. La signora disse: — Prego, mi dica!; mi sembra — ad essere
sicuro — che questa torta non sia venuta bene)

▶ /는 두 가지 가능성의 대안을 나타내거나 숫자 그룹을 분할할 때 사용(예. e/o,

questo/quello, 12/10/2010)

➤ *는 비문법적임을 표시(예. *Maria ha venuta)

➤ « »는 다른 사람의 말을 직접 인용하거나 신문, 문학, 예술 작품 및 방송의
제목을 인용할 때 사용하는 반면 " "는 암시적인 의미나 일반적 의미와 다른
의미를 나타낼 때 사용된다. (반면 ' '는 한 단어의 의미를 나타낼 때 드물게
사용됨)(예. «I promessi sposi», «la Repubblica»; Ho avuto una "dritta"
da Mario (nel gergo significa 'informazione riservata'; adombrarsi
'offendersi')

➤ ( )는 설명의 기능으로, [ ]는 ( )속에서의 일부를 한정하기 위한 기능으로 사용된
다. 한편 [...]는 인용문 내의 생략을 나타냄.(예. [...] Sulla destra si possono
osservare ampi tratti delle mura aureliane (una cinta muraria [fatta
costruire dall'imperatore Marco Aurelio] che racchiude il centro storico
di Roma).

2) 악센트(Accento)

① accento grave (`)

마지막 모음이 개음일 경우 반드시 철자 상으로 표시된다.

città, cioè

② accento acuto (´)

폐음 표기이며 마지막 모음이 폐음일 경우에는 반드시 철자 상에 표기된다.

póllo, perché, benché

③ accento circonflesso (^)

거의 사라져 가는 표기 형태로서 명사의 복수 형태에만 제한적으로 사용될 수
있다.

studio → studî (studi로 악센트 없이 표기해도 무방함)

▶ 일반적으로 단어 내부의 악센트는 철자 상으로 표기하지 않으나 마지막 모음에 강세가 오는 경우에는 철자 상으로 표기된다.
qualità, carità, università

▶ 대부분의 단어는 일반적으로 끝에서부터 두 번째 모음에 강세를 갖는다.
parola, Milano, francobollo

▶ 그러나 어떤 단어들은 끝에서부터 세 번째 모음에 강세를 갖는다.
sabato, domenica, tavola, macchina

▶ 가끔은 끝에서부터 네 번째 모음에 강세를 갖는 경우도 있다.
dimenticano, desiderano (동사의 변화형에 자주 등장)

▶ 두 개의 모음 철자로 이루어진 단음절의 경우 및 다른 단어와 혼동되는 경우 철자 상으로 악센트 표기된다.
(qui와 qua를 제외한) già, più, ciò 등
dà (da) è (e) lì (li) né (ne) 등

9 대문자(maiuscole)

① 텍스트의 시작, 마침표, 의문부호, 감탄부호 다음
② 직접화법의 시작 (예. disse: «Mi chiamo Marco»)
③ 사람, 동물, 장소 등의 고유명사 및 거리나 광장의 이름 (예. Feltrinelli, il Caravaggio, piazza Navona, via Cavour)
④ 축제명 (예. Pasqua, Natale)
⑤ 세기, 년대, 역사적 기간의 이름 (예. il Settecento, il Rinascimento, gli anni Ottanta)
⑥ 도시, 지역, 마을의 주민을 가리키는 이름 (예. i Veneti, i Longobardi)

⑦ 행성의 이름 (예. Mercurio, Marte)
⑧ 어두문자sigle (예. FAO, ONU)

▶ 기관이나 조직명, 공공기관이나 종교 집단의 직위명은 소문자 표기도 관계없으나 보통명사와의 혼돈을 피하기 위해 대문자를 사용하는 것이 일반적임. (la Camera dei Deputati, il Presidente)

▶ 월, 계절, 요일의 이름은 소문자로 표기함. (gennaio, primavera, lunedì)

🔟 발음연습

다음 텍스트를 이탈리아어의 발음 규칙에 따라 읽어 보시오.

La lingua italiana
L'italiano è la lingua ufficiale e più parlata in Italia. È inoltre una delle 23 lingue ufficiali dell'Unione Europea. L'italiano è una lingua appartenente al gruppo delle lingue romanze orientali della famiglia delle lingue indoeuropee e, in particolare, è la trasformazione dell'antico dialetto fiorentino del Trecento, idioma diffusosi e, in seguito, affermatosi in tutta Italia grazie anche a grandi scrittori come Dante Alighieri, Giovanni Boccaccio e Alessandro Manzoni che ne hanno fatto uso nelle loro opere. In Italia esiste tuttavia un gran numero di lingue, evoluzioni autonome della varietà di latino parlata nelle diverse regioni, e di dialetti. Le diverse lingue non sono varianti locali dell'italiano, ma si sono sviluppate parallelamente. (Tratto da http://it.wikipedia.org/wiki/Italia)

기초문법

이탈리아어 문장은 9개의 품사들의 결합에 의해 산출된다. 명사, 관사, 형용사, 대명사, 동사, 부사, 전치사, 접속사, 감탄사가 그것이다. 이 중 문장을 구성하는 데 가장 기본적인 요소는 명사와 동사라 할 수 있으며 특히 이탈리아어에서 동사는 매우 복잡한 특성을 보인다.

1 주격 인칭대명사

단수1인칭	Io	복수1인칭	Noi
단수2인칭	Tu 존칭 Lei	복수2인칭	Voi
단수3인칭	Lui(Egli, Esso) Lei(Ella, Essa)	복수3인칭	Loro(Essi) Loro(Esse)

▶ 단수2인칭에 대해 친근체는 'tu'를, 격식체는 'Lei'를 사용한다.

예) Tu sei coreano? 너는 한국인이니?

　　Lei è coreano? 당신은 한국인입니까?

▶ 3인칭의 경우 Lui, Lei, Loro는 주로 구어체에서 쓰이며 괄호 안의 형태들(Egli, Ella, Essi, Esse 등)은 문어체의 표현에서 매우 드물게 사용된다.

예) "Lui è il mio ragazzo." 그는 내 남자친구이다.
　　*"Egli è il mio ragazzo."

2 동사 Essere와 Avere

주격 인칭대명사에 따라 이탈리아어의 동사는 다음과 같이 여섯 가지의 각기 다른 형태로 변형을 한다. Essere(~이다, ~있다) 동사와 Avere(~을 가지다) 동사는 다음과 같이 변화한다.

1) Essere 동사의 직설법 현재 변화형

인칭	형태	인칭	형태
io	sono	noi	siamo
tu	sei	voi	siete
lui, lei, 2인칭존칭형 Lei	è	loro	sono

예) Io sono Maria. 저는 마리아입니다.
　　Sono coreano. 저는 한국인(남성)입니다.
　　Marco è in Italia. 마르코는 이탈리아에 있습니다.
　　Questo è un libro. 이것은 책입니다.

▶ 이탈리아어의 essere동사는 영어의 be동사와 같은 의미를 표현한다.

예) Questo è un libro. (This is a book)
　　C'è un libro. (There is a book)
　　Ci sono dei libri. (There are trees.)

▶ 3인칭의 단수와 복수의 동사 변화형은 주어가 사람이 아닌 사물일 경우에도

적용된다.

예) L'Italia è una penisola. 이탈리아는 반도이다.

▶ 특정 주어에 특정 동사의 형태가 일대일의 일치 관계에 있으므로 주어의 생략이 가능하며 이러한 특성 때문에 이탈리아어는 제로 주어(pro-drop)의 언어로 분류된다. 또한 주어가 문장의 맨 끝에 위치할 수도 있다.

예) Io sono coreano. 저는 한국인(남성)입니다.
    Sono coreano.
    Sono coreano io.

2) Avere 동사의 직설법 현재 변화형

인칭	형태	인칭	형태
io	ho	noi	abbiamo
tu	hai	voi	avete
lui, lei, 2인칭존칭형 Lei	ha	loro	hanno

예) Abbiamo un naso e una bocca. 우리(인간)는 코 하나와 입 하나를 갖고 있다.
    Ho una macchina. 나는 자동차를 갖고 있다.
    Noi abbiamo una casa. 우리는 집 한 채를 갖고 있다.
    L'Italia ha due grandi isole. 이탈리아는 두 개의 큰 섬을 갖고 있다.

▶ 이탈리아어의 avere동사는 영어의 have동사와 같은 의미를 표현한다.

예) Tu hai un cane/una penna. (You have a dog/pen.)

▶ '~가 아프다', '졸리다', '목마르다', '덥다'와 같은 표현에 avere동사가 사용된다.

예) Ho [sonno, sete, fame, paura, caldo, freddo, mal di testa, mal di denti, mal di stomaco].
나는 [졸림, 목마름, 배고픔, 두려움, 더움, 추움, 머리 아픔, 이 아픔, 배 아픔]을 갖고 있다.

▶ 나이를 표현할 때도 avere동사가 쓰인다.

예) Ho vent'anni. 나는 스무 살이다.

▶ essere동사와 마찬가지로 avere동사에서도 주어의 생략이 가능하며 이는 이탈리아어의 모든 동사에 공히 해당되는 사항이다.

예) (Io) ho sonno. 졸리다.

▶ avere동사의 3인칭 형태들 또한 무생물 주어를 가질 수 있다.

예) L'Italia ha tre mari. 이탈리아는 세 개의 바다를 갖고 있다.

3 이탈리아어의 기본 어순

이탈리아어의 어순은 기본적으로 SVO이지만 동사의 특성과 관련하여 (S)VO 혹은 VOS도 가능하다. 이런 의미에서 이탈리아어의 문장은 주어, 동사, 동사가 요구하는 요소들의 순차적 결합에 의한 것이라 단순화할 수 있다.

예) Io sono coreano. 나는 한국인(남성)이다.
Io ho una macchina. 나는 자동차를 갖고 있다.

▶ essere동사의 경우 주어와 보어는 등가의 개념이므로 성과 수에서 일치를 보여야 한다.

예) Io sono coreano./Io sono italiana.

나는 한국인(남성)이다./나는 이탈리아인(여성)이다.
*Noi siamo coreano./*Noi siamo italiana.

> 주어와 동사의 굴절은 항상 일치하여야 한다.

예) Lui ha una macchina. 그는 자동차를 갖고 있다.
*Lui ho un naso.

> 이탈리아어의 부정문은 동사 앞에 non을 놓으면 된다.

예) Non sono italiana. 나는 이탈리아인(여성)이 아니다.
Non ho una macchina. 나는 자동차를 갖고 있지 않다.
Non sono né giapponese né cinese. 나는 일본인도 중국인도 아니다.

> "~이 있다"의 표현으로 영어의 there is/are가 있다면 이탈리아어에는 'C'è
+단수명사', 'ci sono + 복수명사'가 있다.

예) C'è un bicchiere. 컵이 하나 있다.
Ci sono due libri. 책 두 권이 있다.

> "~을 가지고 있다"의 표현으로 대명사와 avere동사가 함께 쓰일 때 허사
ci 가 그들 앞에 등장하기도 한다.

예) Hai la macchina? Sì, ce l'ho. 차 있니? 응, 있어
Hai 2 euro? No, non ce li ho. 2유로 있니? 아니, 없어.

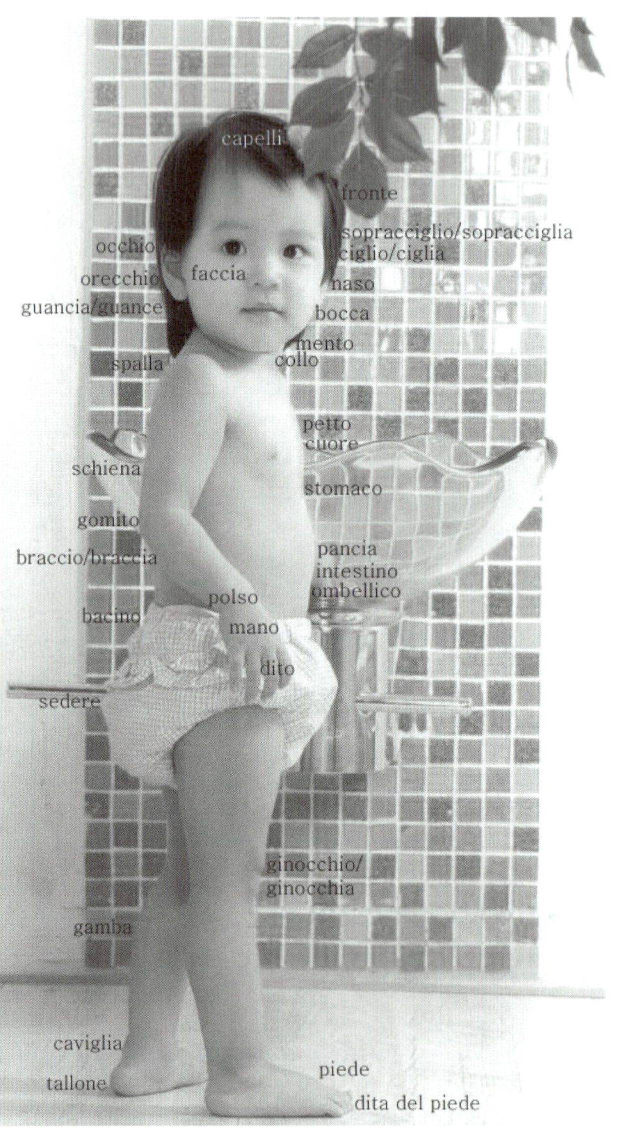

capelli
fronte
sopracciglio/sopracciglia
ciglio/ciglia
occhio
faccia
naso
orecchio
bocca
guancia/guance
mento
collo
spalla
petto
cuore
schiena
stomaco
gomito
braccio/braccia
pancia
intestino
ombellico
polso
bacino
mano
dito
sedere
ginocchio/
ginocchia
gamba
caviglia
piede
tallone
dita del piede

[신체의 명칭]

L' Italia è uno Stato europeo ed è nel Mediterraneo. È una Repubblica e la capitale è Roma. Il Monte Bianco è il monte più alto del paese ed è alto più di 5000 metri. In Italia ci sono due grandi isole: la Sicilia e la Sardegna. I laghi più importanti sono il lago di Garda e il lago di Como. Il Po e il Tevere sono i fiumi più lunghi. Le opere d' arte più famose sono il Colosseo a Roma, il Davide di Michelangelo e il Duomo di Milano. L'Italia ha circa 60 milioni di abitanti come la Germania. La Svizzera invece è un paese piccolo ed ha pochi abitanti: ha solo 6 milioni di abitanti. Roma ha circa 3 milioni di abitanti.

Ⓝ Italia 이탈리아, Stato 국가, Mediterraneo 지중해, Repubblica 공화국, capitale 수도, monte 산, paese 국가, 마을, metro 미터, isola 섬, lago 호수, fiume 강, opera 작품, arte 예술, milione 백만, abitante 주민
Ⓐ europeo 유럽의, alto 높은, grande 큰, importante 중요한, lungo 긴, famoso 유명한, piccolo 작은, poco 적은 수(양)의 ● e/ed 그리고, circa 대략, come ~와 같이, ~처럼, invece 대신에, solo 단지, di (전치사) '~의', a (전치사) '~에' in (전치사) '~에'

연습 문제

I. 다음 문장을 단수는 복수로, 복수는 단수로 바꾸시오.

1) Io sono coreano.

2) Tu sei italiano.

3) Lui è francese.

4) Lei è americana.

5) Noi siamo coreani.

6) Voi siete italiani.

7) Sono francesi.

8) Sono americane.

9) Noi abbiamo una macchina.

10) Lei ha una borsa.

II. 다음 질문에 이탈리아어로 답하시오.

1) Abbiamo la coda?

2) Abbiamo due occhi?

3) A Bologna ci sono due torri?

4) Hai un cane?

5) Ha freddo?

6) Sei insegnante?

7) Avete un computer?

8) Oggi sei a casa?

9) Sei italiana?

10) Hai un euro?

2 명사

 **기초문법**

이탈리아어의 명사는 남성단수, 남성복수, 여성단수, 여성복수라는 네 개의 성 수 개념을 포함하고 있다.

1 단수명사 (Nomi singolari)

이탈리아어의 명사는 모두 남성과 여성으로 분류된다. 이들은 또한 단수 혹은 복수의 개념을 항시 동반한다. 이러한 성과 수의 개념은 굴절어미의 형태를 통해 표현되는데 이는 대개 아래와 같이 정리할 수 있다.

1) -o로 끝나는 거의 대부분의 명사('기본형이 -o인 명사')는 남성단수 명사이다.

예) libro 책, telefono 전화, ombrello 우산, tavolo 탁자, violino 바이올린

2) -a로 끝나는 거의 대부분의 명사('기본형이 -a인 명사')는 여성단수 명사이다.

예) casa 집, penna 펜, acqua 물, porta 문, donna 여자, luna 달

3) -e로 끝나는 명사('기본형이 -e인 명사')는 남성이나 여성이 가능한 중립적 형태이다.

예) cellulare 핸드폰, giornale 신문, bicchiere 잔 (남성단수)

luce 빛, stazione 역, chiave 열쇠 (여성단수)

2 복수명사 (Nomi plurali)

그러나 기본형이 -o, -a, -e인 단수명사들은 복수의 개념을 표현하기 위해 각각
-i, -e, -i로 어미굴절을 한다.

예) quaderno → quaderni
    donna → donne
    bicchiere → bicchieri

이를 종합하면 다음의 도표로 나타낼 수 있다.

	단수 singolare	복수 plurale
남성명사 maschile	-o	-i
여성명사 femminile	-a	-e
남성 혹은 여성명사	-e	-i

▶ '기본형' 이란 용어는 사전 상에서 찾을 수 있는 형태를 말한다. 이탈리아어의
사전은 동일어휘의 대표적 굴절형태 하나만을 수록하기 때문에 'libro',
'libri', 'casa', 'case' 란 단어의 의미를 알고자 한다면 사전에서
'libro' 와 'casa' 를 찾아야 한다.

▶ 위에서 "대부분" 이라고 언급한 것은 예외들이 존재한다는 것을 뜻한다. 즉,
도표에서 보이는 규칙을 위배하는 불규칙 명사들이 소수 존재한다는 말이다.

예) problema 문제 → problemi, programma 계획 → programmi (남성명사); specialista 전문가 → specialisti/e (남,여), pianista → pianisti/e (남,여); mano 손 → mani, foto 사진 → foto (여성명사)

▶ 마지막 모음에 악센트가 있는 명사는 단수, 복수 동형이다.

예) utilità 유용성 → utilità, bontà 선 → bontà

▶ 불가산명사의 경우에는 단수형이 사용되나 경계가 모호한 경우도 소수 존재한다.

예) zucchero 설탕 → *zuccheri, birra 맥주 → birre, acqua 물 → acque

▶ 단수명사가 복수로 전환될 때 형태적, 음운적 적용이 일어날 수 있다.

예) amico 친구(남) → amici, amica 친구(여) → amiche, specchio 거울 → specchi, occhio 눈 → occhi

▶ 이탈리아어의 명사는 기본적으로 네 가지의 형태를 지니게 되므로 어떠한 명사를 '이것' (questo) 혹은 '저것' (quello)이라는 대명사로 표현할 경우, 이 대명사 또한 해당 명사의 성, 수 개념을 그대로 표현하여야 한다. 예를 들어 '이것' 은 questo(남성단수 대명사 '이것'), questi(남성복수 대명사 '이것'), questa(여성단수 대명사 '이것'), queste(여성복수 대명사 '이것')의 형태로 각기 다르게 표현되어야 한다. 따라서 '저것' 의 경우에도 quello, quella, quelli, quelle 등으로 표현된다.

예) Questo è un libro. 이것은 책이다.
Questi sono libri.
Questa è una casa. 이것은 집이다.
Queste sono case.

[국가, 국적, 언어]

국가(Nazioni)	국적(Nazionalità)	언어(Lingue)
Corea	coreano/i/a/e	coreano
Italia	italiano/i/a/e	italiano
America	americano/i/a/e	inglese
Inghilterra	inglese/i/e/i	inglese
Francia	francese/i/e/i	francese
Germania	tedesco/chi/a/che	tedesco
Spagna	spagnolo/i/a/e	spagnolo
Portogallo	portoghese/i/e/i	portoghese
Russia	russo/i/a/e	russo
Olanda	olandese/i/e/i	olandese
Cina	cinese/i/e/i	cinese
Giappone	giapponese/i/e/i	giapponese
Danimarca	danese/i/e/i	danese
Brasile	brasiliano/i/a/e	portoghese
Australia	australiano/i/a/e	inglese
Austria	austriaco/i/a/che	tedesco
Canada	canadese/i/e/i	inglese, francese
Egitto	egiziano/i/a/e	arabo
Grecia	greco/i/a/che	greco
Messico	messicano/i/a/e	spagnolo
Svizzera	svizzero/i/a/e	fr., ted., it.

Che cos'è? È il salotto.

Che cosa sono? Sono gli occhiali di Sara.

Che cos'è? È la cucina.

Che cosa sono? Sono i libri di Carlo.

Chi è Lei? Io sono Kim.

È giapponese lui? No. Lui è coreano.

È cinese lei? No. Lei è coreana.

Sono francesi? No, sono italiani.

Sono americane? Sì, sono americane.

Ⓝ salotto 거실, cosa 것, 사물, occhiali 안경, cucina 부엌, libro 책, giapponese 일본인(어), coreano 한국인(어), cinese 중국인(어), francese 프랑스인(어), italiano 이탈리아인(어), americano 미국인 Ⓐ giapponese 일본인(어)의, coreano 한국인(어)의, cinese 중국인(어)의, francese 프랑스인(어)의, italiano 이탈리아인(어)의, americano 미국인의 ● Sì 예, No 아니오

다음 명사의 복수 형태를 적으시오.

1) quaderno

2) giornale

3) cane

4) programma

5) pianista

6) albero

7) problema

8) mano

9) lezione

10) virtù

11) scuola

12) chiave

13) té

14) studente

15) zio

16) fiore

17) amico

18) amica

19) zucchero

20) occhio

3 부정관사와 정관사

기초문법

이탈리아어에는 한국어에 없는 관사가 존재한다. 관사는 해당 명사의 확정성 및 불확정성을 나타내는 문법 기제이다. 관사의 사용은 해당 명사의 확정성 (determinatezza), 특정의 불확정성(indeterminatezza specifica), 불특정의 불확정성(indeterminatezza non specifica)의 개념과 관련되어 있다.

확정성(determinatezza): 발화시 화자와 청자 모두에게 동일한 대상으로 인식되는 경우를 이른다. (예. il pacco 소포)

특정의 불확정성(indeterminatezza specifica): 발화시 화자는 알고 있으나 청자는 모를 경우를 이른다. (예. un pacco)

불특정의 불확정성(indeterminatezza specifica): 발화시 화자와 청자 모두 모를 경우를 이른다. (예. un pacco)

 부정관사 (Articoli indeterminativi)

부정관사는 영어의 'a(an)' 와 같은 요소로서 불확정적 단수명사 앞에 출현하는 문법의 한 요소이다. 따라서 '(불확정적인) 어떤~' 내지 '하나의~' 의 의미로 불확정의 명사 앞에 등장한다.

un	모든 불확정적인 남성단수명사 앞 (단, s+자음, x, z, gn, pn, ps 등으로 시작하는 명사 제외)
uno	단 s+자음, x, z, gn, pn, ps 등으로 시작하는 명사 앞
una	모든 자음으로 시작하는 여성명사 앞
un'	모든 모음으로 시작하는 여성명사 앞

예) un [libro 책, amico 친구(남), letto 침대, cane 개, maestro 스승, giornale 신문]

uno [studente 학생, zaino 배낭, psicologo 심리학자, svizzero 스위스인(남)]

una [finestra 창문, porta 문, scuola 학교, chiave 열쇠, coreana 한국인(여)]

un' [amica 친구(여), attrice 배우(여), italiana 이탈리아인(여), aula 강의실]

▶ 부정관사는 불확정성 명사를 나타내는 데 쓰이는 것으로서 정확히 구체적으로 지칭될 수 없는 전체 중의 개체 내지 청자가 일치된 지시물로 인지할 수 없는 어떤 명사를 이르기 위한 장치이다.

예) Una farfalla non può volare. 어떤 나비는 날지 못한다. (종의 개체)

Un pacco è arrivato. 소포가 하나 도착했다. (불확정 명사)

Arriva stasera un nostro amico.

우리 친구 한 사람이 오늘 저녁에 온다. (일치 대상 파악 불가능)

▶ 인명 고유명사 앞에 부정관사가 출현할 경우 사람이 아닌 작품을 의미한다.

예) Questo è un Raffaello. 이것은 라파엘로의 한 작품이다.

▶ 부정관사를 굳이 복수로 표현하자면 앞으로 배우게 될 부분관사로 표현할 수 있다. 이에 대해서는 부분관사 부분에서 살펴보기로 하겠다. (예. un libro → dei libri)

2 정관사 (Articoli determinativi)

정관사는 영어의 'the' 에 해당되는 요소로서 확정적인 단수, 복수 명사 앞에 출현하며 다음과 같은 형태로 명사 앞에 출현한다. 정관사는 크게 보아 총칭성, 지시적 확정성, 유일성을 포괄하는 개념으로 사용된다.

예) Il cane è un animale carnivoro. 개는 육식동물이다. (총칭성)

    Ho chiamato il ragazzo. 그 애를 불렀다. (지시적 확정성)

    Vedo la luna. 달을 본다. (유일성)

단수정관사	복수정관사	환경	예
il	i	자음으로 시작하는 남성명사 앞(단, 's + 자음', z, gn, pn, ps 등으로 시작하는 남성명사 앞은 제외)	il libro → i libri
lo	gli	's + 자음', z, gn, pn, ps 등으로 시작하는 남성명사 앞	lo studente → gli studenti lo zio → gli zii
l'	gli	모음으로 시작하는 남성명사 앞	l'amico → gli amici
la	le	모든 자음으로 시작하는 여성명사 앞	la donna → le donne
l'	le	모든 모음으로 시작하는 여성명사 앞	l'amica → le amiche

예) il [libro, letto, cane, maestro, giornale]

    i [libri, letti, cani, maestri, giornali]

    lo [studente, spagnolo, svizzero, zio, psicologo]

    gli [studenti, spagnoli, svizzeri, zii, psicologi]

    l' [amico, italiano, olandese, americano, armadio]

gli [amici, italiani, olandesi, americani, armadi]

la [scuola, chiave, finestra, svizzera, coreana]

le [scuole, chiavi, finestre, svizzere, coreane]

l' [amica, italiana, americana, aula, erba]

le [amiche, italiane, americane, aule, erbe]

▶ 확정성과 관련된 항목

예) Vado a prendere la macchina. 차를 가지러 간다.
('나의 차' 라는 것이 암시적으로 내포된 확정성)
Le tracce di un leone/Questa è la sua strada.
사자의 흔적/이것이 그의 길이다.
(수식어구로 인한 확정성의 획득)

▶ 유일성과 관련된 항목

예) La Sardegna 사르데냐 섬, Le Alpi 알프스 산, L'Italia 이탈리아, il Po 포 강,
il Garda 가르다 호수 (섬, 산, 강, 호수, 바다, 국가의 명칭)

▶ 총칭성과 관련된 항목

예) l'estate(=ogni estate) 여름(=매 여름), il chilo(=ogni chilo) 킬로(=매 킬로)
(시간적 가치, 분배적 기준)
la tigre 호랑이, il lupo 늑대 (종)

▶ 기타 항목

예) Le novelle del Boccaccio 보카치오의 단편 (유명인의 성 앞)
tutto il Boccaccio 모든 보카치오 (사람이 아닌 작품을 표시)
Bembo il Grande 위인 벰보 (별칭)

Il professore교수, l'avvocato변호사 (직위 앞)

▶ 같은 모음끼리 만날 경우 생략할 수 있었던 '정관사+복수명사' 의 형태들 (예. gl'ingegneri엔지니어, l'erbe풀 등)은 현대 문법에서 이제 더 이상 줄이지 않고 gli ingegneri, le erbe 등으로 표기하는 것이 일반적이다.

3 관사의 생략

정관사와 부정관사의 사용과 생략을 한 마디로 정의하기란 어려운 일이지만 대체로 정관사는 확정성, 총칭성, 유일성을 나타내는데 쓰이는 반면 부정관사는 불확정적인 어떤 대상을 이르는 명사에 사용된다. 그러나 이러한 관사들은 어휘적, 통사적, 문체적 요인들에 따라 생략될 수 있으며 각 문장의 컨텍스트에 따라서도 출현과 생략의 양상이 다양하므로 그 케이스를 규칙으로 일일이 열거하기란 불가능에 가깝다. 따라서 다음의 몇 가지 대표적인 예들만을 열거할 수밖에 없다.

▶ 인명과 도시명.

예) Ho chiamato Ø Maria./Sono andato a Ø Milano. (La Spezia, L'Aquila 등은 제외)

▶ 소유 형용사와 함께하는 단수 친족 명

예) Ti saluta Ø mio fratello./Ø Nostro cugino vive a Firenze.

   I tuoi zii/le sue cugine/Il loro zio/I loro zii/Ti saluta la mia mamma.

▶ 월, 요일 앞 (단, 반복적 의미나 한정 형용사가 동반될 경우는 관사생략 불가).

예) Finisco a Ø giugno./Partiamo Ø lunedì./Apre sempre il mercoledì.

(= ogni mercoledì)/Un libro sul febbraio italiano.

▶ 재료를 나타내는 보어구.

예) un tessuto di Ø seta/un muro di Ø mattoni

▶ 다양한 장소보어

예) vado in città/in camera/in ufficio/a casa/ da Gino, ...

▶ 전치사 da (용도, 양태, 시간)가 사용된 구

예) carte da gioco/occhiali da vista/fare da segretario/comportarsi da sciocco/da bambino/da giovane, ...

▶ 관용적 부사구

예) di corsa/in giro/a caldo/in fretta/per pietà, ...

▶ con, senza의 표현

예) senza rancore/senza motivo/senza paura/con gioia/con rabbia

▶ 동사구가 단일 의미를 이루는 경우

예) avere fame/avere sete/perdere tempo/trovare lavoro

▶ 속담

예) Uomo avvisato mezzo salvato./Gioco di mano gioco da villano.

▶ 책, 신문, 영화, 음악, 예술품 등의 제목

예) Decameron/Gioconda/Requiem/Vangelo secondo Matteo

▶ 간판이나 표식

예) Veduta di Firenze/Sali e Tabacchi

▶ 관용표현

예) parlare italiano/francese/tedesco, ecc.

Gino si esprime in un ottimo italiano. (수식어가 있다면 유관사)

▶ 특정 어휘를 부각시킬 때
예) I vari significati della parola 'amore'.

▶ 분야별 용어
예) Paziente con dolore addominale/Vendo casa zona centro

▶ 병렬식 나열
예) Seguono vacanze e vacanze./Vedo uomini, donne, bambini.

▶ 기타
Roina, regina del castello, guarda il cielo. (동격)/È professore
dell'Università. (직업명 서술보어)/Don Rodrigo, San Francesco, Fra'
Cristoforo (don, donna, maestro, fra', suora 앞)/in questa città (지시사 앞)
Giovanni/la Maria (남성 고유명사 앞)/ Giuseppe Garibaldi (유명인의 이름+성
앞)/Caro amico!/*Il caro amico!/Buon giorno! (호격 및 감탄사)

▶ 일반화 할 수는 없지만 대개 주어와 목적어 간 관사유무의 불균형 존재
예) Ci sono ancora Ø cocomeri al supermercato a quest'ora.
　　*Ø Cocomeri ci sono ancora al supermercato a quest'ora.
　　 Si è versata Ø acqua.
　　* Ø Acqua si è versata./ Non si trovava Ø pesce in tutta la città.
　　*Ø Pesce non si trovava in tutta la città.

▶ 목적어 위치의 '불특정 불확정의 복수 명사구' 는 무관사 (그러나 이 명사구가
　 수식어(구)를 동반하여 확정성을 획득하면 관사 생략 불가)
예) Legge Ø libri tutto il giorno./ *Legge Ø libri della biblioteca tutto il giorno.

➤ 추상명사인 경우 관사생략 불가

예) *È scoppiata Ø rabbia di Carla./ *Apprezza molto Ø sincerità.

➤ 부분관사의 경우 대개 생략 가능

예) Ci sono (delle) sigarette./C'è (della) birra.

➤ 관사 생략의 규칙은 어려운 미해결의 문제

예) Alessandro è Ø dottore./Alessandro è il dottore.

　　Alessandro è un dottore./*Alessandro è Ø dottore bravissimo.

어휘 플러스

[수]

1	uno	11	undici
2	due	12	dodici
3	tre	13	tredici
4	quattro	14	quattordici
5	cinque	15	quindici
6	sei	16	sedici
7	sette	17	diciassette
8	otto	18	diciotto
9	nove	19	diciannove
10	dieci	20	venti

La terra è chiamata anche globo terracqueo, perché è coperta di terra e di acqua: un quarto di terra e tre quarti di acqua. La parte coperta di terra forma monti, colline, valli e pianure. Una lunga serie di monti è una catena. Sulle alte cime dei monti c'è sempre neve. Una parte di questa neve scende lentamente lungo i fianchi del monte, formando una massa di ghiaccio perpetuo datta ghiacciaio. La parte superiore delle montagne è rocciosa e non ha vegetazione. Ma nella parte inferiore, i fianchi sono coperti di boschi, foreste e pinete; e più giù, le colline, le valli e le pianure sono fertili e coltivate. In quest'ultima parte vive l'uomo, in città, paesi e villaggi.

Ⓝ terra 지구, globo 구, acqua 물, monte 산, collina 언덕, valle 계곡, pianura 평원, catena 산맥, cima 정상, neve 눈, fianco 옆, ghiaccio 얼음, ghiacciaio 빙하, vegetazione 식물, bosco 숲, foresta 산림, uomo 인간, villaggio 마을, Ⓥ chiamare 부르다, scendere 내려가다, formare 형성시키다, vivere 살다 Ⓐ terracqueo 땅과 물의, coperto 덮인, perpetuo 영속적인, roccioso 바위가 많은, superiore 상부의, inferiore 하부의, fertile 비옥한, coltivato 경작된 ● una serie di 일련의, lungo ~을 따라서

I. 다음의 명사 앞에 적절한 부정관사를 붙이시오.

1) ___ americana

2) ___ coreana

3) ___ inglese

4) ___ svizzero

5) ___ amico

6) ___ amica

7) ___ zaino

8) ___ bambina

9) ___ spaghetti

10) ___ spagnolo

II. 다음의 명사 앞에 적절한 정관사를 붙이시오.

1) ___ lavori

2) ___ giornali

3) ___ studenti

4) ___ isola

5) ___ amiche

6) ___ zii

7) ___ italiano

8) ___ mani

9) ___ spaghetti

10) ___ pianisti

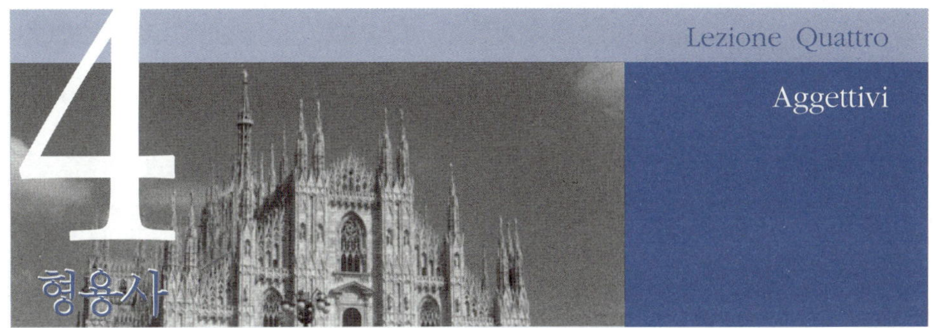

형용사

기초문법

명사를 수식하는 기능을 하는 형용사는 명사의 성과 수에 따라 기본적으로 네 가지의 어미변형을 한다. 이탈리아어에서 구를 이루는 명사와 형용사 그리고 관사 사이에는 상호일치 관계가 이루어져야 한다.

 규칙형용사

규칙형용사는 수식하는 명사가 어떤 것이냐 (즉 남성단수, 남성복수, 여성단수, 여성복수)에 따라 다음과 같은 규칙으로 꼬리 변형을 한다.

1) 기본형이 -o인 형용사

명사	기본형이 -o인 형용사 (es. piccolo)
남성단수 (es. ragazzo)	-o (es. ragazzo piccolo)
남성복수 (es. ragazzi)	-i (es. ragazzi piccoli)
여성단수 (es. ragazza)	-a (es. ragazza piccola)
여성복수 (es. ragazze)	-e (es. ragazze piccole)

2) 기본형이 -e인 형용사

명사	기본형이 -e인 형용사 (es. grande)
남성단수 (es. ragazzo)	-e (es. ragazzo grande)
남성복수 (es. ragazzi)	-i (es. ragazzi grandi)
여성단수 (es. ragazza)	-e (es. ragazza grande)
여성복수 (es. ragazze)	-i (es. ragazze grandi)

▶ 이탈리아어의 형용사는 수식하는 명사의 성격에 따라 형태 종속적이기 때문에 일반적으로 후치수식의 모습을 보인다. 기본형이라 하는 것은 사전상의 대표 수록형태를 이르는 것으로 예를 들어 'piccoli', 'piccola', 'piccole'의 의미를 알고자 한다면 사전 상에서 'piccolo'를 찾아야 한다는 것을 의미한다.

▶ 한 명사구 내의 관사, 명사, 형용사 사이에는 정확한 일치관계가 이루어져야 한다.

예) il lavoro facile 쉬운 일, l'uomo famoso 유명한 사람, una penna rossa 붉은 펜, un letto grande 큰 침대

▶ 기본형이 -e인 형용사는 결론적으로 두 가지 변형의 형태를 가지므로 존재하지 않는 단어를 만들어내는 일이 없도록 유의하여야 한다.

예) albero verde 푸르른 나무, alberi verdi, *albero verdo, *albera verda

2 불규칙 형용사

그러나 위의 규칙을 따르지 않는 몇몇 형용사들이 있다. 이탈리아어에서 '불규칙'은 일반적으로 일상생활에서 많이 사용되는 기초어휘들이 대부분인데 다음의 형용사들이 전치수식(명사 앞에 위치)을 할 경우 아래와 같이 독자적인 변형을 한다.

1) buono (‘좋은’): 부정관사처럼 변형

un	buon	es.) un giorno → buon giorno
uno	buono	es.) uno stomaco → buono stomaco
una	buona	es.) una ragazza → buona ragazza
un'	buon'	es.) un'amica → buon'amica

2) quello (‘저것’), bello (‘멋진, 아름다운’): 정관사처럼 변형

il	quel	bel	es.) il ragazzo → quel ragazzo	bel ragazzo
i	quei	bei	es.) i ragazzi → quei ragazzi	bei ragazzi
lo	quello	bello	es.) lo studente → quello studente	bello studente
gli	quegli	begli	es.) gli studenti → quegli studenti	begli studenti
la	quella	bella	es.) la ragazza → quella ragazza	bella ragazza
le	quelle	belle	es.) le ragazze → quelle ragazze	belle ragazze
l'	quell'	bell'	es.) l'amico → quell'amico	bell'amico

3) grande (‘큰’):

언제나 그런 것은 아니지만 때로 다음의 형태를 보일 때가 있다.

gran +자음	es.) un gran giorno, una gran festa
grand'+모음	es.) un grand'uomo, una grand'amica

4) santo (‘성, 성스러운’):

san+자음으로 시작하는 남성명사	es.) San Pietro, San Lorenzo
sant'+모음	es.) Sant'Antonio, Sant'Anna
santo+(s+자음)	es.) Santo Spirito, Santo Stefano
santa+자음으로 시작하는 여성명사	es.) Santa Maria, Santa Croce
관용적 예외	es.) Santo Padre Santo Paradiso! Santo cielo! Tutto il santo giorno

[기본 인사말]

Buon [giorno!, pomeriggio!, lavoro!, viaggio!, riposo!, appetito!]

Buona [sera!, notte!, domenica!]

Buone [vacanze!, feste!]

Buono [studio!]

Ciao!

Salve!

Arrivederci!

A domani!

Scusi!

Grazie!

Prego!

[반의어 형용사]

grande	piccolo
lungo	corto
spesso	sottile
alto	basso
pieno	vuoto
giovane	anziano
nuovo	vecchio
bello	brutto
ricco	povero
grasso	magro
bianco	nero
interessante	noioso
facile	difficile

[색깔 명칭]

bianco	nero
rosso	arancione
grigio	marrone
giallo	violetto
blu	verde

Geografia dell'Italia

L' Italia è una penisola circondata da tre mari: il mar Tirreno a ovest, il mar Adriatico a est e il mar Ionio a sud. L'Italia confina a nord con la Francia, la Svizzera, l'Austria e la Slovenia. L'Italia comprende anche due grandi isole: la Sardegna e la Sicilia. È un paese montuoso come la Corea. Ha circa 60 milioni di abitanti, la capitale politica è Roma. Altre città importanti sono Milano, Venezia, Bologna, Firenze, Genova, Torino, Napoli, Palermo, ecc. È divisa in venti regioni. L' Italia è anche chiamata "Belpaese" per il suo clima mite, i suoi paesaggi splendidi e il suo enorme patrimonio culturale. La bandiera italiana è verde, bianca e rossa.

Ⓝ geografia 지리, penisola 반도, mare 바다, est 동, ovest 서, sud 남, nord 북, regione 지역, clima 기후, paesaggio 경치, 전경, bandiera 국기 Ⓥ confina (confinare 동사의 3인칭 단수 변형) 경계에 면하다, comprende (comprendere 동사의 3인칭 단수 변형) 포함하다 Ⓐ circondato 둘러싸인, montuoso 산악의, politico 정치의, altro 또 다른, diviso 분할된, 나뉜, chiamato 불리는, mite 온화한, splendido 빛나는, 찬란한, enorme 거대한, culturale 문화적인, suo 그의 ● con (전치사) ~와 함께, in (전치사) ~에, ecc. 기타 등등, per ~때문에

연습 문제

다음 괄호 안의 형용사를 인접한 명사의 성과 수에 일치되게 변형하시오.

1) bambini (piccolo)

2) carte (bianco)

3) (buono) amici

4) (quello) professore

5) donna (bello)

6) libro (grande)

7) parte (importante)

8) (bello) Italia

9) fiori (rosso)

10) (bravo) gente

11) fiumi (lungo)

12) studentesse (bravo)

13) italiano (interessante)

14) case (bianco)

15) programma (difficile)

16) porta (aperto)

17) lezioni (facile)

18) penna (rosso)

19) (santo) spirito

20) (grande) giorno

수와 시간

기초문법

본과에서는 수, 시간, 날짜, 월, 계절 등과 관련된 어휘들을 학습한다.

 수

1) 기수 (numeri cardinali)

1	uno	11	undici
2	due	12	dodici
3	tre	13	tredici
4	quattro	14	quattordici
5	cinque	15	quindici
6	sei	16	sedici
7	sette	17	diciassette
8	otto	18	diciotto
9	nove	19	diciannove
10	dieci	20	venti

▶ 14의 철자(quattordici, *quattrodici)에 유의.

21	ventuno	40	quaranta
22	ventidue	50	cinquanta
23	ventitre	60	sessanta
24	ventiquattro	70	settanta
25	venticinque	80	ottanta
26	ventisei	90	novanta
27	ventisette	100	cento
28	ventotto	200	duecento
29	ventinove	300	trecento
30	trenta	1,000	mille
31	trentuno	2,000	due mila
32	trentadue	10,000	dieci mila
38	trentotto	100,000	cento mila

1,000,000	un milione
2,000,000	due milioni
10,000,000	dieci milioni
100,000,000	cento milioni
1,000,000,000	un miliardo

▶ 이탈리아어에서 모음 충돌 시 앞 모음이 삭제되는 규칙이 있으며 21, 28 등에서 보는 바와 같이 venti+uno와 venti+otto는 ventuno, ventotto 등으로 어휘화 되어 있다.

▶ cento는 centi로 전환되지 않는다.

▶ '천' 단위의 경우 단수 형태가 mille이고 그 복수는 mila이다.

➤ 이탈리아어의 수는 세 자리 단위로 끊어 읽는다.

예) 135,792,468

centotrentacinque milioni settecentonovantadue mila
quattrocentosessantotto.

2) 서수 (numeri ordinali)

1°	primo	23°	ventitreesimo
2°	secondo	24°	ventiquattresimo
3°	terzo	25°	venticinquesimo
4°	quarto	26°	ventiseiesimo
5°	quinto	27°	ventisettesimo
6°	sesto	28°	ventottesimo
7°	settimo	29°	ventinovesimo
8°	ottavo	30°	trentesimo
9°	nono	40°	quarantesimo
10°	decimo	50°	cinquantesimo
11°	undicesimo	60°	sessantesimo
12°	dodicesimo	70°	settantesimo
13°	tredicesimo	80°	ottantesimo
14°	quattordicesimo	90°	novantesimo
15°	quindicesimo	100°	centesimo
16°	sedicesimo	101°	centunesimo
17°	diciassettesimo	102°	centoduesimo
18°	diciottesimo	200°	duecentesimo
19°	diciannovesimo	900°	novecentesimo
20°	ventesimo	1000°	millesimo
21°	ventunesimo	2000°	duemillesimo
22°	ventiduesimo	1,000,000°	milionesimo

예) Prima lezione 첫 수업/Lezione prima

Ventesimo anniversario 20주년 기념일

▶ 23, 33, 43 등의 어휘에 주의 (tré에 악센트가 있으므로 ventitré + -esimo의 경우처럼 모음 충돌로 인한 축약이 일어나지 않아 ventitreésimo로 실현된다)

2 셈

더하기(+): più, 빼기(−): meno,

곱하기(×): per (volte, moltiplicato), 나누기(÷): diviso,

이퀄(=): è uguale a (fa, fanno)

예) 8 + 7 = 15   otto più sette è uguale a quindici.

32 − 12 = 20   trentadue meno dodici è uguale a venti.

32 ÷ 8 = 4   trentadue diviso otto è uguale a quattro.

8 × 4 = 32   otto per quattro è uguale a trentadue.

▶ 분자를 먼저 기수로, 그 다음 분모를 서수로 읽는다.

예) 3/4: tre quarti   1/2: mezzo/a

1/4: un quarto   4/5: quattro quinti

🔟 요일, 월, 계절

주의 요일(giorni)	월(mesi)	계절(stagioni)
한 주 una settimana	1년 un anno	
월요일 lunedì	1월 gennaio	
화요일 martedì	2월 febbraio	
수요일 mercoledì	3월 marzo	
목요일 giovedì	4월 aprile	
금요일 venerdì	5월 maggio	봄 primavera
토요일 sabato	6월 giugno	여름 estate
일요일 domenica	7월 luglio	가을 autunno
평일 giorni feriali	8월 agosto	겨울 inverno
휴일 giorni festivi	9월 settembre	
생일 compleanno	10월 ottobre	
기념일 giorni	11월 novembre	
commemorativi	12월 dicembre	

예) Oggi è lunedì. 오늘은 월요일이다.

Oggi è il primo settembre duemiladieci. 오늘은 2010년 9월 1일이다.

Oggi è il 23 aprile 2010. 오늘은 2010년 4월 23일이다.

Siamo in primavera. 봄이다.

Sono nato in luglio. 나는 7월에 태어났다.

In un anno ci sono dodici mesi. 1년에는 12달이 있다.

Ci sono molti fiori in primavera. 봄에는 많은 꽃들이 있다.

Il mio compleanno è il 23 maggio/il primo maggio. 내 생일은 5월 23일/5월 1일이다.

▶ 매월 1일만 서수로 읽고 나머지 날들은 기수로 읽는다.

예) Oggi è il primo settembre duemiladieci.

Oggi è il due settembre duemiladieci.

Che ora è?   È l'una. 몇 시 입니까? 1시입니다.

            È l'una e dieci. 1시 10분입니다.

Che ore sono? Sono le due. 몇 시입니까? 2시입니다.

            Sono le tre e venti. 3시 20분입니다.

            È mezzogiorno. 정오입니다.

            È mezzanotte. 자정입니다.

Sono le due precise. 정확히 2시입니다.

Sono le tre e un quarto. 3시 15분입니다.

Sono le quattro e mezza. 4시 30분입니다.

Sono le tre meno cinque. 3시 5분전입니다.

Mancano cinque minuti alle tre. 3시 5분전입니다.

Sono le sei del mattino/del pomeriggio. 오전/오후 6시입니다.

L'orologio è avanti. 시계가 빠르다.

L'orologio è indietro. 시계가 늦다.

▶ 시간의 단위는 시(ora), 분(minuto), 초(secondo)이지만 이들은 시간표현 속에 내포되어 있다.

예) È l'una (ora) e venti (minuti).

    Sono le due (ore) e mezza (ora).

▶ "Che ora~" 와 "A che ora~" 에 대한 답을 혼동하지 말 것

예) "Che ora~ ?" "Sono le ~." 몇 시~/ ~시입니다.

    "A che ora~?" "Alle ~." 몇 시에~/~시에

어휘 플러스

[구분]

pasti: colazione, pranzo, cena, merenda

una giornata: mattino, mezzogiorno, pomeriggio, sera, mezzanotte, notte

un anno fa 일 년 전, una settimana fa 일주일 전, tre giorni fa 3일 전

l'altro ieri (= ieri l'altro) 그제, ieri 어제, oggi 오늘

oggi 오늘, domani 내일, dopodomani 모레

tre giorni dopo 3일 후, una settimana dopo 일주일 후, un anno dopo 일 년 후

lunedì prossimo 다음 월요일, lunedì scorso 지난 월요일

domenica prossima 다음 일요일, domenica scorsa 지난 일요일

계절	la stagione giusta per la frutta e la verdura
봄	arance 오렌지, kiwi 키위, limoni 레몬
	asparagi 아스파라거스, carciofi 아티쵸크, carote 당근, cavolfiori 컬리플라워, cavoli 양배추, lattuga 상추, ravanelli 빨간무
여름	albicocche 살구, angurie 수박, ciliegie 체리, fichi 무화과열매, fichi d'india 선인장열매, fragole 딸기, lamponi 산딸기, limoni 레몬, meloni 멜론, mirtilli 블루베리, more 복분자열매, pesche 복숭아, pesche noci 천도복숭아, prugne 자두
	cetrioli 오이, cipolle 양파, bietole 근대, fagioli 콩, fagiolini 껍질콩, finocchi 회향, melanzane 가지, peperoni 피망, piselli 완두콩, pomodori 토마토, sedano 샐러리, zucchine 긴 호박
가을	mele 사과, pere 배, uva 포도
	bietole 근대, broccoli 브로컬리, carote 당근, melanzane 가지, patate 감자, rape 무, zucche 둥근 호박
겨울	arance 오렌지, kiwi 키위, mandarini 귤, pompelmi 자몽
	bietole 근대, broccoli 브로컬리, carciofi 아티쵸크, cavolfiori 컬리플라워, cavoli 양배추, porri 대파, spinacci 시금치, radicchio 적상추

- Che giorno è oggi?

- Oggi è lunedì.

- Quanti ne abbiamo oggi?

- Oggi ne abbiamo 17.

- In che mese siamo?

- Siamo in gennaio.

- In che anno siamo?

- Siamo nell'anno 2010.

- In che secolo siamo?

- Siamo nel ventunesimo secolo.

- Qual è la data di oggi?

- Oggi è il 10 giugno 2010.

- Quando ha lezione d'italiano?

- Ho lezione il martedì e il venerdì.

- A che ora?

- Dalle tre alle cinque del pomeriggio.

- Quanti giorni ci sono in marzo?

- Ci sono 31 giorni.

- E in aprile?

- In aprile ci sono 30 giorni.

- In che mese è nato Lei?

- Io sono nato in febbraio.

- In che giorno?

- Il 18 febbraio.

- Ma oggi è il 18 febbraio!

- Sì, oggi è il mio compleanno.

- Tanti auguri!

- Tante grazie!

Ⓝ giorno 요일, 날, oggi 오늘, mese 월, 달, anno 년, 해, secolo 세기,
data 날짜, lezione 수업, pomeriggio 오후, compleanno 생일, augurio
축하, grazia 감사 Ⓐ nato 태어난 ● ne (소사로서) 그 중에

I. 다음을 이탈리아어로 말하시오

1) 오전 7시입니다.

2) 정오입니다.

3) 5시 15분입니다.

4) 6시 5분전입니다.

5) 저는 10시 반에 집에 있습니다.

6) 저는 25세입니다.

7) 2010년 9월 2일입니다.

8) 오후 8시입니다.

9) 오늘은 화요일입니다.

10) 겨울에 눈이 많습니다.

II. 다음 질문에 이탈리아어로 답하시오.

1) Che ore sono adesso?

2) Quanti mesi ci sono in un anno?

3) Ha freddo?

4) Oggi ha lezione?

5) Che giorno è oggi?

6) In che mese siamo?

7) Quanto fa 4 x 4?

8) Quando è il tuo compleanno?

9) A che ora fai colazione?

10) Quanti anni hai?

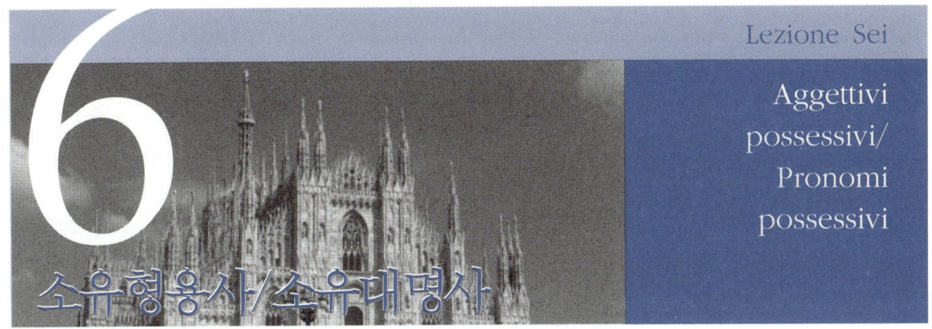

6

소유형용사/소유대명사

 **기초문법**

다음의 형태들은 소유형용사와 소유대명사로 모두 사용된다.

 소유형용사/소유대명사의 형태

소유형용사는 소유대명사로도 사용되며 명사의 성과 수에 일치되어야 하고 정관사와
함께 쓰일 경우에도 세 요소 간에는 일치가 이루어져야 한다.

남성단수	남성복수	여성단수	여성복수
mio	miei	mia	mie
tuo	tuoi	tua	tue
suo	suoi	sua	sue
nostro	nostri	nostra	nostre
vostro	vostri	vostra	vostre
loro	loro	loro	loro

➤ 소유의 형태들은 소유형용사와 소유대명사의 두 가지 품사로 사용된다.
il mio/tuo/suo/nostro/vostro/loro libro 나의/너의/그의/우리의/너희의/그
들의 책

→ Questo libro è mio/tuo/suo/nostro/vostro/il loro.

  이것은 나의/너의/그의/우리의/너희의/그들의 책이다.

i miei/tuoi/suoi/nostri/vostri/loro libri

→ Questi libri sono miei/tuoi/suoi/nostri/vostri/i loro.

la mia/tua/sua/nostra/vostra/loro casa

→Questa casa è mia/tua/sua/nostra/vostra/la loro.

le mie/tue/sue/nostre/vostre/loro case

→ Queste case sono mie/tue/sue/nostre/vostre/le loro.

▶ 소유형용사는 소유자가 아닌 소유물을 수식한다.

La borsa di Giuseppe 쥬세페의 가방 → La sua borsa 그의 가방

Il vestito di Marta 마르타의 옷 → Il suo vestito 그녀의 옷

▶ 소유사 앞에 일반적으로 관사가 등장한다.

Il mio libro 내 책

La mia casa 내 집

La loro rivista 그들의 잡지

▶ 소유사는 명사 앞에 등장하지만 강조 표현이나 숙어 표현에서 명사 뒤에 오는
경우들이 있다. 이 경우 관사는 사라진다.

la mia casa 나의 집 = casa mia

Mamma mia! 세상에!

▶ 소유사는 'di+소유주' 의 대명사적 형태이므로 명사화가 필요한 경우 다음의
예처럼 표현된다.

Questo dizionario è suo 이 사전은 그의 것이다. (=Questo dizionario è

del professore.)

Di chi è? È del professore. 누구의 것인가요? 교수님 것입니다.

Di che colore è? È grigio. 무슨 색인가요? 회색입니다.

Di che nazionalità è? È coreano. 국적이 어떻게 되나요? 한국인입니다.

2 소유형용사 그리고 관사의 출현과 생략

1) padre, madre, figlio, figlia, fratello, sorella, marito, moglie, zio, zia 등 가족 구성원의 명칭을 나타내는 단수 명사 앞에 소유형용사가 오는 경우 정관사를 생략한다.

예) Mia madre/*La mia madre cucina molto bene. 나의 어머니는 요리를 무척 잘하신다.

2) 가족을 나타내는 단수명사라도 'loro+명사'의 경우와 '소유형용사+복수명사'의 경우 정관사를 붙인다. (예, la loro madre, le mie sorelle)

예) La loro madre/*Loro madre è molto simpatica. 그들의 어머니는 매우 정이 많으시다.
   I miei fratelli/*Miei fratelli sono bravi in matematica. 내 형제들은 수학을 잘한다.

3) 가족의 구성원을 나타내는 단수명사일지라도 애칭과 같은 동의어들과 형용사의 수식을 받는 경우에는 정관사를 붙인다.

예) Mia madre 내 어머니 = la mia mamma
   Mio padre 내 아버지 = il mio papà
   Mio fratello 내 형 = il mio fratello maggiore
   Mia sorella 내 누나 = la mia sorellina

[친족명칭 parentela]

nonno 할아버지, nonna 할머니

padre 아버지, madre 어머니

fratello 형/동생, sorella 누나, 언니/동생

zio 삼촌, zia 숙모

cugino 사촌(남), cugina 사촌(여)

figlio 아들, figlia 딸

nipote/nipotino 조카, 손자

nuora 며느리, genero 사위

suocero 시아버지, 장인, suocera 시어머니, 장모

cognato 시동생, 형부, 매제, 처남, 남자 동서 cognata 시누이, 형수, 처형, 처제, 제수, 여자 동서

해석

Abito a Seoul con la mia famiglia. La mia casa è molto grande e luminosa, c' è anche un bel giardino. La mia camera è al primo piano, vicina alla camera di mio fratello. La stanza di mia sorella, invece, è al secondo piano, cioè al piano di sopra. La sua camera ha una grande finestra che dà sul giardino. Io e mio fratello studiamo ancora mentre mia sorella lavora già. I miei genitori dormono nella stanza più grande. A casa mia vengono spesso i miei amici che abitano al centro.

Ⓥ abito (abitare 동사의 단수1인칭 변형) ~에 거주하다, dà (dare 동사의 단수3인칭 변형) ~을 주다, studiamo (studiare 동사의 복수1인칭 변형) 공부하다, lavora (lavorare 동사의 단수3인칭 변형) 일하다, dormono (dormire 동사의 복수3인칭 변형) 잠을 자다, vengono (venire 동사의 복수 3인칭 변형) 오다 **Ⓝ** famiglia 가족, casa 집, giardino 정원, camera 방, fratello 형, 오빠, 남동생, stanza 방, sorella 누나, 언니, 여동생, piano 층, finestra 창, genitori 부모, amico 친구, centro 도심 **Ⓐ** luminoso 빛나는, 빛이 많은, vicino 가까운 **●** molto (부사로서) 매우, anche 또한, cioè 즉, sopra ~위, che (영어의 that과 같은 관계대명사), su (전치사)~ 위에, ancora 아직, mentre ~하는 동안, già 이미

I. 아래의 예와 같이 적절한 소유형용사로 빈칸을 채우시오.

예: Paolo racconta a tutti la sua esperienza.

1) Sergio, _____ idea è veramente buona.

2) È tua questa borsa? Si, è _____ borsa.

3) È difficile _____ lavoro, signorina?

4) È cara _____ città, Franco?

5) Siete da soli o con _____ genitori?

6) Signora, _____ ufficio è lontano da qui?

7) Franco, va bene _____ orologio?

8) Dove sono i vostri nonni? _____ nonni sono in montagna.

9) Signora, _____ bambini sono già a scuola?

10) È di Franca quel disco? Si, è _____.

II. 단수는 복수로, 복수는 단수의 형태로 구를 전환하시오.

1) La sua risposta

2) Le tue parole

3) Le sue mani

4) I miei fratelli

5) La nostra possibilità

6) Il tuo scherzo

7) Vostra zia

8) Il suo libro

9) Suo nonno

10) La mia idea

직설법 현재규칙동사

기초문법

이탈리아어 문장의 형성에 있어 가장 중요한 요소는 동사라 할 수 있다. 동사는 자신의 의미적 기준을 만족시키기 위해 자신의 주변에 필수적으로 출현해야 할 요소들(논항argomenti)을 지정한다. 굴절어의 전형이라 할 수 있는 이탈리아어에서 동사는 굴절을 통하여 주어에 대한 정보를 제공하고 자신 다음에 나타나야 할 요소를 선택한다. 앞 과에서 기본 동사로 소개한 essere동사와 avere동사가 인칭에 따라 변화하는 것과 마찬가지로 이탈리아어의 모든 동사들은 여섯 가지로 변형한다. 이탈리아어의 일반 동사들은 세 개의 카테고리(-are, -ere, -ire)로 구분되며 다음과 같은 규칙변형을 한다.

1 -are 동사의 직설법 현재 규칙변화형

-are 동사	parlare
io	parlo
tu	parli
lui/lei/Lei	parla
noi	parliamo
voi	parlate
loro/Loro	parlano

예) Parlo l'italiano. 난 이탈리아어를 할 줄 안다.

Gli italiani parlano l'italiano. 이탈리아인들은 이탈리아어를 말한다.

Noi studiamo l'italiano. 우리는 이탈리아어를 공부한다.

Il professore parla, gli studenti ascoltano. 교수님은 말하고 학생은 듣는다.

Mario telefona a Maria. 마리오가 마리아에게 전화한다.

2 -ere 동사의 직설법 현재 규칙변화형

-ere동사	scrivere
io	scrivo
tu	scrivi
lui/lei/Lei	scrive
noi	scriviamo
voi	scrivete
loro/Loro	scrivono

예) Scrivo una lettera a Silvia. 나는 실비아에게 편지를 쓴다.

Scrivo un'e-mail al professore. 선생님에게 이 메일을 쓴다.

Metto una penna sul tavolo. 책상 위에 펜을 놓는다.

Legge il giornale. 그는 신문을 읽는다.

Prendo un caffè al bar. 바에서 커피를 마신다.

Vedo un film. 영화를 본다.

3 -ire 동사의 직설법 현재 규칙변화형

-ire동사	1군 (sentire)	2군 (capire)
io	sento	capisco
tu	senti	capisci

lui/lei/Lei	sente	capisce
noi	sentiamo	capiamo
voi	sentite	capite
loro/Loro	sentono	capiscono

예) Sentiamo la musica. 우리는 음악을 듣는다.

Parto domani per Milano. 내일 밀라노로 출발한다.

Apro la finestra. 창문을 연다.

Capisco l'italiano, ma non parlo bene. 이탈리아어를 이해하지만 말은 잘 못한다.

La lezione finisce alle 5.00. 수업은 5시에 끝난다.

Preferisco questo. 이게 더 좋아.

▶ 이탈리아어 동사의 세 가지 카테고리(-are, -ere, -ire)는 실제 네 가지의 규칙변형을 한다. 그 외에 몇몇의 -rre 동사(tradurre, condurre, introdurre 등)가 존재하며 다음과 같은 변형을 한다.

tradurre: traduco-traduci-traduce-traduciamo-traducete-traducono

condurre: conduco-conduci-conduce-conduciamo-conducete-conducono

introdurre: introduco-introduci-introduce-introduciamo-introducete -introducono

▶ -care, -gare형 동사는 단수 2인칭, 복수1인칭에 h가 삽입되어 음성적 변형을 막는다.

예) dimentichi/dimentichiamo, paghi/paghiamo

▶ -iare 유형은 변형에서 단수 2인칭, 복수 1인칭의 중복모음이 단모음으로 표기, 발음되는 경우(예. studi/studiamo)와 그렇지 않은 경우(예. avvii/avviamo)

로 나뉜다.

▶ -ciare, -giare 유형은 단수 2인칭, 복수 1인칭의 중복모음이 단모음으로 표기, 발음된다.

예) mangi/mangiamo, cominci/cominciamo, studi/studiamo

▶ -ire 규칙동사는 1군과 2군 동사의 두 그룹 어떠한 -ire 동사가 1군인지 2군인지는 사전 상에서만 확인할 수 있다.

어휘 플러스

[-are, -ere, -ire형 주요 어휘]

-are형	-ere형	-ire형
parlare	leggere	aprire
insegnare	scrivere	sentire
imparare	vedere	dormire
pranzare	mettere	partire
cenare	prendere	offrire
abitare	conoscere	scoprire
telefonare	chiudere	coprire
lavorare	vivere	servire
fumare	credere	soffrire
cominciare	chiedere	trasferire
mangiare	rompere	riunire
incontrare	interrompere	costruire
guardare	distruggere	finire
domandare	rispondere	pulire

salutare	perdere	capire
frequentare	temere	spedire
entrare	vendere	preferire
ascoltare	accendere	garantire
studiare	discutere	dimagrire
comprare	spendere	restituire

▶ 자동사(verbi intransitivi)와 타동사(verbi transitivi)의 개념은 문장구성상 중요하다.

예) Vado a scuola. 학교에 간다.

　　Mangio una mela. 사과를 먹는다.

　　Regalo una penna a Silvia. 실비아에게 펜을 하나 선물한다.

▶ 우리말과 다르게 사용되는 몇몇의 타동사에 유의. (예. salutare, frequentare)

예) *Saluto al professore.

　　*Frequento all'università.

[의문사]

Chi ('who')

Quando ('when')

Dove ('where')

Che/che cosa/cosa ('what')

Quale/i ('which')

Quanto/i/a/e ('how much')

Come ('how')

Perché ('why')

▶ 의문사는 문장의 맨 앞에 위치한다.

예) Che cosa hai mangiato?

▶ Yes/no 의문문의 대답은 Sì/No로써 한다.

예) Hai mangiato? Sì, ho mangiato./No, non ho mangiato ancora.

▶ 위의 의문대명사들 가운데 일부(che, quale/i, quanto/i/a/e)는 형용사로도 쓰인다.

예) Quante persone vengono?

Gli italiani mangiano tre volte al giorno. A colazione a volte prendono solo un caffè, più spesso prendono un cappuccino con un cornetto. A pranzo di solito tornano a casa, a volte mangiano vicino all' ufficio. La sera cenano a casa con la famiglia. La mattina cominciano a lavorare presto. Per arrivare in ufficio usano la macchina, ma qualche volta prendono l' autobus o la metropolitana. La sera, dopo il lavoro, spesso guardano la televisione, leggono o passano il tempo con gli amici.

Ⓥ mangiare 먹다, prendere ~을 마시다, ~을 취하다, (교통수단) 타다, tornare 돌아오다, cenare 저녁식사하다, cominciare 시작하다, lavorare 일하다, arrivare 도착하다, usare 사용하다, guardare 보다, leggere 읽다, passare 지나가다, 보내다 **Ⓝ** volta 회, 번, colazione 아침식사, cappuccino 카푸치노, cornetto 코르넷토 빵, pranzo 점심식사, ufficio 사무실, sera 저녁, mattina 아침, macchina 자동차, metropolitana 지하철, lavoro 일, tempo 시간 **●** ma 그러나, dopo ~후에, a volte 때로, spesso 종종, qualche volta 가끔, vicino a ~근처에, cominciare a ~하기 시작하다, presto 일찍

괄호 속 어휘의 올바른 직설법 현재 형태를 넣어 문법적인 문장을 만드시오.

1) Noi non _____(avere) nessun problema a fare questo compito.

2) Marco non _____(capire) nulla quando il professore parla in italiano.

3) Io _______(preferire) andare al mare.

4) Tu non ________(ascoltare) mai le notizie.

5) Marco ________(spendere) troppo.

6) Maria _______(offrire) la cena a tutti.

7) Perché tu _______(correre)?

8) Lui non _______(salutare) mai il professore.

9) Io _______(garantire) la qualità del tessuto.

10) Voi _______(finire) questo compito.

11) Mario e Claudia _______(cercare) una casa in centro.

12) Maria _______(cercare) un nuovo lavoro.

13) Quando ________(cominciare) la primavera?

14) Lui sa _______(suonare) bene il pianoforte.

15) Non so quando _______(partire)

16) Io non _______(riuscire) a dormire

17) Lui non ________(mangiare) mai al pranzo.

18) Marco ________(scrivere) un e-mail.

19) Io _______(partire) per le vacanze.

20) Noi ________(imparare) l'italiano per andare in Italia.

8 전치사, 전치사관사, 부분관사

 **기초문법**

이탈리아어의 전치사는 우리말의 조사에 해당되는 역할을 담당한다. 전치사가 명사 앞에 등장할 경우 명사 앞에 올 수 있는 정관사와 충돌하게 되므로 둘이 만나 전치사관사라는 하나의 형태를 만들어낸다. 부분관사는 부정관사가 표현할 수 없는 복수의 의미를 나타낸다.

 **전치사**

이탈리아어의 전치사는 여러 용법과 의미로 사용되어 한 마디로 정리하기는 어렵지만 대개 다음의 의미로 사용된다.

a (~에)	es.) È a Bologna.
da (~로부터)	es.) Sono venuto da Seoul
di (~의)	es.) L'isola di Sicilia è in Italia
su (~위에)	es.) La penna è su questo tavolo
in (~에)	es.) Il documento è in ufficio
tra/fra (~사이에)	es.) Firenze è tra Bologna e Roma
per (~을 위해)	es.) Sono qui per lavoro
con (~와 함께)	es.) È con la moglie

▶ 전치사 a는 시간(es. a mezzanotte), 장소(es. a Busan), 수단(es.

riscaldamento a gas), 방식(es. a mano), 거리(es. a 30 chilometri), 정확한 나이(es. a 20 anni), 수혜(es. a Marianna), 형벌(es. la condanna a morte), 가격(es. a 100 euro) 등을 표현할 때 쓰인다.

▶ 전치사 da는 시간(es. da anni), 장소(es. da Firenze), 수동태의 행동주(es. apprezzato da tutti), 목적(es. occhiali da vista), 방식(es. un consiglio da amico), 유래(es. Leonardo da Vinci), 거리(es. 100 chilometri da Roma), 가격(es. le banconote da 100 euro), 원인(es. muoio dal sonno) 등을 표현할 때 쓰인다.

▶ 전치사 di는 시간(es. di mattina), 확정(es. il libro di Silvia), 정확한 나이(es. una donna di 40 anni), 원인(es. a causa del maltempo), 재료(es. medaglia d'oro), 주제(parlano di sport), 비유(es. A è più alto di B), 질(es. un tessuto di grande qualità), 양(es. un appartamento di 150 metri quadrati) 등을 표현한다.

▶ 전치사 su는 장소(es. sul tavolo), 주제(es. un articolo su Leonardo da Vinci), 막연한 나이(es. un uomo sui quarat'anni), 막연한 양(es. sui 90 metri quadrati) 등을 나타낸다.

▶ 전치사 in은 시기(es. in primavera), 장소(es. in Corea), 수단(es. in treno), 방식(es. restare in silenzio), 제한(es. è un esperto in storia antica), 재료(es. cancello in ferro) 등을 표현한다.

▶ 전치사 tra/fra는 시간(es. fra poco), 장소(es. confine tra l'Italia e l'Austria), 관계(es. fra me e te), 분할(es. fra questi due) 등을 표현한다.

▶ 전치사 per는 시간(es. per tutto il giorno), 장소(es. per l'Italia), 목적(es. per studiare in Italia), 원인(es. è assente per malattia), 수단(es. per via aerea), 방식(es. per caso), 가격(comprare per 1,000 euro)을 표현한다.

▶ 전치사 con은 동반(es. con Maria), 수단(es. con il treno), 방식(es. con impegno), 원인(es. Con questo brutto tempo, non può partire), 질(es. una bambina con gli occhi azzurri) 등을 표현한다.

2 전치사관사

명사 앞에서 전치사와 정관사가 만나게 되면 다음과 같은 새로운 형태가 만들어지는데 이를 전치사관사라 부르며 아래와 같이 결합된 형태들을 만들어낸다.

	il	i	lo	gli	la	le	l'
di	del	dei	dello	degli	della	delle	dell'
a	al	ai	allo	agli	alla	alle	all'
da	dal	dai	dallo	dagli	dalla	dalle	dall'
in	nel	nei	nello	negli	nella	nelle	nell'
su	sul	sui	sullo	sugli	sulla	sulle	sull'
con	con il	con i	con lo	con gli	con la	con le	con l'
per	per il	per i	per lo	per gli	per la	per le	per l'

3 부분관사

위의 도표 중에서 di와 결합하는 del, dei, dello, degli, della, delle, dell'의 형태는 위의 전치사관사 용법 외에 부분관사로도 사용된다. 부분관사는 해당명사의 수를 정확히 지칭하지 않고 '몇몇의', '몇 개의' 하는 식으로 복수의 개념을 표현하는데 사용된다. 부정관사의 복수를 나타낼 때 사용되는 방식이라 할 수 있다.

예) Del burro 약간의 버터   Dei quaderni 몇 권의 노트
    Della carne 약간의 고기   Delle penne 몇 개의 펜

어휘 플러스

[위치 표현]

davanti a~, di fronte a~ 앞에

accanto a~ 옆에   dietro (di)~ 뒤에
a destra (di) 오른쪽에   a sinistra (di) 왼쪽에
vicino a ~근처에   lontano da ~멀리
su, sopra 위에   sotto 아래에
dentro 안에   fuori 밖에
est 동   ovest 서
sud 남   nord 북

예) Il bar davanti a/di fronte a casa mia è aperto anche di notte.
    Giuseppe sta accanto a te.
    Franco è seduto dietro Giulana/di me.
    È a destra/a sinistra di Marco.
    Il Colosseo è vicino a/lontano da casa mia.
    Il telefono è sul/sopra il tavolo.
    Il gatto è sotto la sedia.
    La bambola è dentro la scatola.
    È fuori Milano.
    Roma è a est/ovest/nord/sud.

È il 15 luglio e io sono a Firenze ormai da una settimana. È una città bellissima ma in questo periodo è piena di turisti perciò è stato difficile trovare una camera di mio gusto. Alla fine ho preso una stanza al centro della città. Non è molto grande ma è piena di luce. È al terzo piano e dalla finestra vedo i tetti rossi delle case e anche il duomo. Da due giorni frequento un corso di lingua italiana perciò ogni mattina dalle 9 alle 11 studio nell'aula di una scuola. Oggi alle 6 di sera arriva mio fratello da Milano e devo andare alla stazione. Io odio la stazione a quell' ora perché è sempre piena di gente: molte persone, infatti, lavorano nelle fabbriche o negli uffici della città ma abitano in campagna perciò ogni giorno a quell' ora prendono il treno per tornare a casa.

Ⓝ città 도시, periodo 시기, gusto 취향, 입맛, luce 빛, tetto 지붕, corso 코스, lingua 언어, aula 강의실, stazione 역, gente 사람들, persona 사람, fabbrica 공장, campagna 전원, treno 기차 Ⓐ bello 멋진, 아름다운, difficile 어려운, pieno 가득한, molto 많은 Ⓥ trovare 찾다, 발견하다, prendere 취하다, frequentare ~에 다니다, studiare 공부하다, dovere ~해야 한다, odiare 미워하다, 증오하다, tornare 돌아가다 ● ormai 이미, perciò 따라서, di mio gusto 내 취향에 맞는, alla fine 결국, non~ma ~아니라 ~이다, ogni mattina/giorno 매일 아침/매일, infatti 사실상

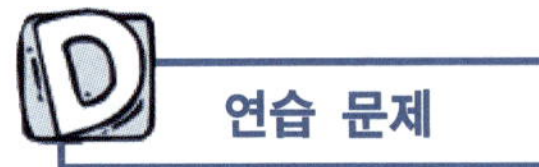

연습 문제

I. 다음을 읽고 적절한 전치사를 넣으시오.

1) Andate _____ scuola _____ piedi?

2) Stasera andiamo _____ discoteca.

3) La domenica Carlo va _____ teatro.

4) Patriza e Franco vengono _____ studiare _____ casa mia.

5) Giulia viene _____ Venezia.

6) Oggi pomeriggio vengo _____ Maria.

7) Domani andiamo _____ ufficio _____ l'autobus.

8) Laura arriva _____ treno o _____ aereo?

9) Quando partite _____ parigi?

10) _____ dove vieni? Vengo dalla Corea.

11) _____ che nazionalita sei? sono coreano.

12) _____ dove sei? sono di Seoul.

13) _____ che ora parti? Parto alle tre.

14) Questo è il numero _____ telefono di Marco?

15) Vado _____ mangiare _____ mensa.

16) _____ chi vai in montagna?

17) Andiamo _____ cinema.

18) Abita _____ Finlandia _____ Helsinki.

19) Scrivo _____ lavagna _____ il gesso.

20) Vado _____ lui _____ cenare.

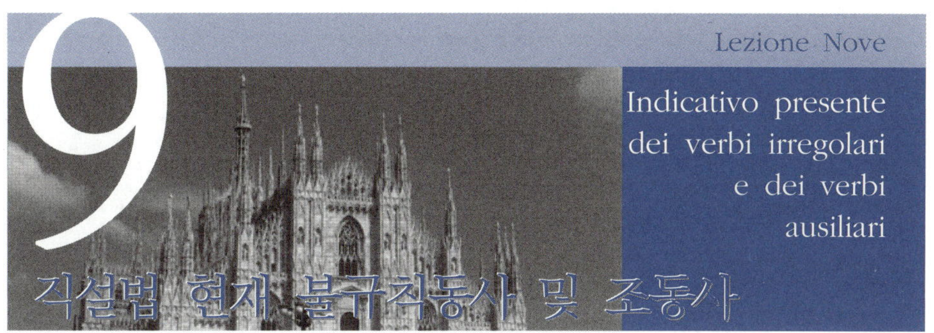

직설법 현재 불규칙동사 및 조동사

기초문법

규칙변형과 달리 독자적인 변형을 하므로 따로 암기하여야 할 소수의 불규칙동사들이 있다. 불규칙동사들은 일반적으로 일상생활에서 많이 사용되는 어휘들이 대부분이다. 이탈리아어의 불규칙 동사들과 그 변형은 사전의 부록에 그 변형이 수록되어 있다.

 -are형 직설법 현재 불규칙 동사

	andare	stare	dare	fare
io	vado	sto	do	faccio
tu	vai	stai	dai	fai
lui/lei/Lei	va	sta	dà	fa
noi	andiamo	stiamo	diamo	facciamo
voi	andate	state	date	fate
loro	vanno	stanno	danno	fanno

예) Vado al mare. 바다에 간다.

Stiamo bene. 우린 잘 지낸다.

Mario dà una penna a Maria. 마리오는 마리아에게 펜을 준다.

Non faccio colazione. 아침을 먹지 않는다.

▶ -are동사의 불규칙은 위의 4개 동사뿐이지만 -ere 및 -ire동사의 불규칙은 많아 사전의 부록을 참조할 것.

▶ fare동사는 '대동사' 이므로 일반동사와 결합하여 쓰는 오류를 범하지 말 것.

예) "Che cosa fai?" 너 뭐하니?
　　"Mangio/*Faccio mangio" 밥 먹어.

▶ fare동사는 날씨 표현, 셈 표현 등에도 사용된다.

예) Uno più due fa tre. 1+2는 3이다.
　　"Che tempo fa oggi?" Fa bel/brutto tempo. Fa caldo/freddo.
　　오늘 날씨 어때? 좋아/나빠. 더워/추워.

2 -ere 및 -ire형 직설법 현재 주요 불규칙 동사

essere ~이다: sono-sei-è-siamo-siete-sono

avere ~가지다: ho-hai-ha-abbiamo-avete-hanno

bere 마시다: bevo-bevi-beve-beviamo-bevete-bevono

dire 말하다: dico-dici-dice-diciamo-dite-dicono

morire 죽다: muoio-muori-muore-moriamo-morite-muoiono

rimanere 남다: rimango-rimani-rimane-rimaniamo-rimanete-rimangono

salire 오르다: salgo-sali-sale-saliamo-salite-salgono

sapere 알다: so-sai-sa-sappiamo-sapete-sanno

sedere 앉다: siedo-siedi-siede-sediamo-sedete-siedono

spegnere 끄다: spengo-spegni-spegne-spegniamo-spegnete-spengono

trarre 끌어오다: traggo-trai-trae-traiamo-traete-traggono

uscire 나가다: esco-esci-esce-usciamo-uscite-escono

venire 오다: vengo-vieni-viene-veniamo-venite-vengono

예) Bevo un bicchiere di vino a pranzo. 점심에 포도주 한잔 마신다.

Gli italiani dicono "Buon appetito!" prima di mangiare.
이탈리아인들은 식사 전에 "부온 아페티토" 라고 말한다.

Hai qualcosa da bere? Muoio di sete. 마실 것 있어? 목말라 죽겠다.

Rimaniamo ancora due giorni. 아직 이틀 머무를 것이다.

Salgo sempre a piedi. 늘 걸어서 오른다.

Non so che cosa fare. 뭘 해야 할지 모르겠다.

Siedo qua. 여기 앉을게.

Spegne il gas quando esce. 그는 외출할 때 가스를 끈다.

Traggono dalle radici sostanze medicinali. 그들은 뿌리에서 의약 물질을 추출한다.

Non esco se piove. 비 오면 외출 안 해.

Perché non vieni con noi al cinema? 우리랑 극장 안 갈래?

 조동사

조동사는 말 그대로 본동사를 도와주는 동사로서 우리말의 '~하고 싶다', '~할 수 있다', '~해야 한다', '~할 줄 안다' 와 같이 본동사의 출현을 전제로 하는 동사들이다. 조동사 다음에는 본동사가 내재적으로든 외재적으로든 표현되어야 한다.

	volere	potere	dovere
io	voglio	posso	devo
tu	vuoi	puoi	devi
lui/lei/Lei	vuole	può	deve
noi	vogliamo	possiamo	dobbiamo
voi	volete	potete	dovete
loro	vogliono	possono	devono

예) Voglio vedere il film "Cinema Paradiso". '시네마 천국' 영화 보고 싶다.

Non posso uscire con te stasera, perché devo studiare.

공부해야 하기 때문에 오늘 저녁 너랑 외출 못 해

Non posso (=riesco a) dormire per il rumore. 소음 때문에 잠을 잘 수가 없다.

> 조동사들 또한 일반동사와 마찬가지로 인칭에 따라 변형하기 때문에 곧바로 뒤에 따라올 본동사는 동일 주어를 가지므로 변형 없이 원형을 써야 한다.

예) Non posso andare all'estero senza passaporto. 여권 없이 외국에 갈 수 없다.

Devo avere la patente per guidare la macchina.

자동차를 운전하려면 면허증을 가져야 한다.

Se voglio parlare bene l'italiano, devo studiare molto.

이탈리아어를 잘하려면 공부 많이 해야 한다.

> 조동사의 기능을 하는 관용적 표현으로 aver voglia di~(~하고 싶다), riuscire a~(~할 수 있다), avere bisogno di~(~할 필요가 있다) 등을 사용할 수도 있다.

예) Voglio studiare. (=Ho voglia di studiare.)

공부하고 싶다.

Non posso mangiare la carne. (=Non riesco a mangiare la carne.)

난 고기를 먹을 수 없다.

Bisogna correggere il testo. (=Ho bisogno di correggere il testo.)

텍스트를 고칠 필요가 있다.

> Sapere는 조동사와 본동사 두 가지의 형태로 모두 쓸 수 있다. "Lo so./ Non lo so."(알아/몰라)의 경우는 본동사로 쓰인 반면 "So suonare la chitarra./

Non so suonare."의 경우는 조동사로 쓰였다.

어휘 플러스

[~에 가다]

andare	a	al	in	da	dal
vado	casa	cinema	ufficio	Gino	dottore
vai	pranzo	lago	banca	Marco	farmacista
va	piedi	mare	città	lei	dentista
andiamo	teatro	ristorante	treno	lui	macellaio
andate	scuola	bar	macchina	me	parrucchiere
vanno	mangiare	lavoro	farmacia	te	dall'avvocato

[andare/venire]

이탈리아어의 '가다' 와 '오다' 표현은 우리말의 그것과 약간의 차이가 있다. 그것은
공간적 위치를 어디로 설정하느냐에 따른 문제이다.

예) Andiamo in Italia quest'estate. Vieni anche tu con noi?
　　우린 이번 여름에 이탈리아에 가는데 너도 우리랑 같이 갈래?
　　Vado in Italia quest'estate. Tu dove vai?
　　난 이번 여름에 이탈리아에 가는데 넌 어디에 가니?

1) Finalmente è domenica! Dopo una settimana di studio posso riposarmi. Ho voglia di fare una passeggiata in un bel parco. Emilie, una ragazza francese che studia con me italiano, viene con me. È un po' triste, mi dice che non può parlare bene l'italiano, perché non riesce a concentrarsi. Mi dice che è innamorata. Da una settimana esce tutte le sere con un ragazzo francese molto bello: insieme vanno al cinema, al ristorante, bevono vino e fanno sempre tardi perciò la mattina lei è troppo stanca per studiare italiano! Ah, l'amore!

Ⅴ riposarmi (재귀동사의 1인칭 단수원형) 쉬다, dire 말하다, potere ~할 수 있다, riuscire a ~할 수 있다, concentrarsi (재귀동사의 3인칭 단수원형) 집중하다, uscire 나가다, 외출하다, andare 가다, bere 마시다, fare ~하다 **Ｎ** voglia 희망, passeggiata 산책, parco 공원, ragazza 여자애, ragazzo 남자애, cinema 극장, ristorante 레스토랑, vino 와인, amore 사랑 **Ａ** triste 슬픈, innamorato 사랑에 빠진, stanco 피곤한 **●** finalmente 드디어, 결국, dopo ~후에, fare una passeggiate 산책하다, insieme 함께, sempre 늘, 항상, fare tardi 늦다

2) Lucia vuole imparare il francese perché deve andare a Parigi per lavoro. Deve partire tra poco tempo e deve rimanere lì per un anno. Il suo capo le dice che il francese non è così difficile e che si può imparare in breve tempo ma le dice anche che per prima cosa ha bisogno di frequentare un corso di lingua e poi deve studiare molto a casa, da sola.

Ⓥ volere ~을 하고 싶다, imparare 배우다, andare 가다, partire 출발하다, 떠나다, rimanere ~에 남다 Ⓐ breve 짧은, primo 첫 번째의 Ⓝ capo 장 ● tra poco tempo 잠시 후에, lì 그곳에, in breve tempo 짧은 시간에, per prima cosa 첫 번째로, 무엇보다도, da solo 혼자서

다음 괄호 속 동사들의 올바른 직설법 현재 형태를 넣으시오.

1) Noi _________(dovere) andare via.

2) Che cosa tu _________(volere) da me?

3) Io _________(potere) aiutarti?

4) L'erba cattiva non _________(morire) mai.

5) Ma che cosa _________(dire) tu?

6) I miei genitori _________(stare) bene.

7) perché tu non _________(uscire)?

8) Io _________(andare) molto spesso a teatro.

9) Quando noi _______(fare) i compiti _______(bere) sempre molto caffè.

10) Voi _________(avere) un po' di tempo libero, oggi?

11) Lui mi _________(dare) molti buoni consigli.

12) A che ora _________(venire) il tuo amico?

13) I miei genitori _________(andare) sempre d'accordo.

14) Che cosa _________(fare) noi?

15) I contadini _________(raccogliere) le olive.

16) Noi _________(mantenere) sempre le promesse.

17) Loro _________(venire) in treno.

18) Voi che lavoro _________(fare)?

19) Io _________(spegnere) la luce quando _________(uscire).

20) Tu _________(sapere) parlare lo spagnolo?

10 재귀동사

기초문법

재귀동사는 말 그대로 행동주(Agente)의 행위가 다른 대상에게 영향을 미치지 않고 본인에게 귀속되는 동사를 이른다. 재귀동사의 형태는 보는 바와 같이 일반동사의 변형 앞에 재귀대명사인 mi, ti, si, ci, vi, si가 등장하는 모습을 보인다.

 **재귀동사의 규칙변형**

	alzarsi	mettersi	vestirsi
io	mi alzo	mi metto	mi vesto
tu	ti alzi	ti metti	ti vesti
lui/lei/Lei	si alza	si mette	si veste
noi	ci alziamo	ci mettiamo	ci vestiamo
voi	vi alzate	vi mettete	vi vestite
loro	si alzano	si mettono	si vestono

예) La domenica ci alziamo tardi. 일요일에 우린 늦게 일어난다.

Appena entrato si mette subito in poltrona. 들어오자마자 그는 곧바로 의자에 앉는다.

Si veste male. 그는 옷을 엉망으로 입는다.

▶ 재귀동사로의 사용과 타동사로의 사용에 주의해야 한다. 예를 들어 'Mi sveglio alle sei.(나는 여섯 시에 일어난다)' 와 'Sveglio Marco alle sei.(나는 여섯 시에 마르코를 깨운다)' 의 사용을 비교해 보라. 전자의 경우는 본인의 행위가 타인에게 영향을 미치지 않은 반면, 후자에서는 '나' 의 행위가 'Marco' 에게 영향을 미치고 있다. 따라서 재귀동사로 쓰이는 동사의 경우에는 항상 재귀대명사가 없이 사용되는 타동사로도 쓰일 수 있음에 유의해야 한다.

▶ 재귀동사의 명사형이나 전치사 후에 재귀동사의 원형을 쓸 경우에는 반드시 주어와의 일치를 고려해야 한다. 이 경우에는 동사 앞으로 분리되어 나왔던 재귀대명사가 마지막 모음 -e가 삭제된 동사의 원형에 곧바로 부착된다. 위의 도표에서 대표격으로 적어놓은 -rsi는 주어에 따라 -rmi, -rti, -rsi, -rci, -rvi, -rsi로 전환될 수 있는 원형들의 대표격을 적은 것에 불과하다.

예) Alzarmi alle sei del mattino, per me, è una cosa faticosa.
아침 6시에 일어나는 것이 나로선 힘든 일이다.
Prendo l'asciugamano per asciugarmi.
물기를 닦기 위해 수건을 든다.

▶ 다음의 재귀형태들은 상호적 의미를 수반한다.

예) Io e Maria ci salutiamo = io saluto Anna e Anna saluta me.
나와 마리아는 서로 인사한다.
Tu e Anna vi vedete = tu vedi Anna e Anna vede te.
너와 안나는 서로를 본다.
Luigi ed Elena si aiutano = Luigi aiuta Elena e Elena aiuta Luigi.
루이지와 엘레나는 서로 돕는다.

[주요 재귀동사들의 암기]

alzarsi 일어나다

svegliarsi 잠에서 깨다

lavarsi 씻다, 닦다, 세수하다

asciugarsi 물기를 닦다

pettinarsi 머리를 빗다

vestirsi 옷을 입다

pulirsi 닦다

farsi la barba 면도하다

truccarsi 화장하다

trovarsi ~에 있다

divertirsi 즐기다

fidarsi 믿다

arrabbiarsi 화나다

chiamarsi 부르다

sentirsi 느끼다

fidanzarsi 약혼하다

fermarsi 멈추다

accorgersi 알다

addormentarsi 잠들다

laurearsi (대학을) 졸업하다

예) Mi sveglio alle sei, ma mi alzo alle sei e mezzo.

　　Prima di colazione, mi lavo, mi faccio la barba, mi pettino e mi vesto.

　　Mi trovo benissimo in Italia.

La sveglia squilla alle 6:30 ma Sandro si alza sempre 10 minuti più tardi. Prima si fa la doccia e dopo si pettina, si fa la barba, si veste e alla fine fa colazione. Di solito la mattina beve un té con un po' di latte e mangia una fetta di pane con la marmellata. Esce di casa alle 8.00 e accompagna la moglie in ufficio. È un architetto e lavora nel suo studio privato in centro. Per arrivare al suo studio ci mette circa 20 minuti se non c'è traffico. A pranzo ha poco tempo perciò spesso non torna a casa e mangia un panino o una pizza. Finisce di lavorare verso le 5.00 del pomeriggio, ritorna a casa subito e si riposa per circa un' ora. Due volte alla settimana va a giocare a calcio con i suoi amici. Ritorna a casa verso le 7.00 ma non può rilassarsi, deve giocare con i suoi figli e aiutare sua moglie a preparare la cena.

Ⓝ sveglia 자명종, té 차, latte 우유, fetta 슬라이스 조각, pane 빵, marmellata 잼, architetto 건축가, studio 연구실, panino 빠니노 Ⓥ squillare 울리다 ● farsi la doccia 샤워하다, fare colazione 아침식사 하다, di solito 보통, uscire di casa 집에서 나오다, ci mette (시간이) ~걸리다, verso ~경, giocare a calcio 축구를 하다

I. 괄호 안의 재귀동사를 이용하여 현재 시제로 문장을 완성하시오.

1) Io _______ la barba. (farsi)

2) Giorgio e Chiara _______ tardi. (svegliarsi)

3) Noi _______ i denti tre volte al giorno. (lavarsi)

4) Voi _______ alla festa? (divertirsi)

5) Tu come _______? (chiamarsi)

6) Io non _______ bene. (sentirsi)

7) Pietro non _______ di quell'uomo. (fidarsi)

8) Elena _______ elegante o sportiva? (vestirsi)

9) Ma perché tu _______ sempre ? (arrabbiarsi)

10) Noi _______ ancora qualche giorno. (fermarsi)

II. 괄호 안에 제시된 재귀동사의 현재형을 넣으시오.

1) (Io/non ricordarmi) _________ più dove ho messo gli occhiali da vista.

2) Hai visto come (vestirsi) _________ male quella ragazza?

3) La mattina, mia moglie e io (alzarsi) _________ sempre molto presto.

4) perché (voi/lavarvi) _________ sempre con l' acqua fredda?

5) (Noi/salutarci) _________ sempre quando (noi/incontrarci)

   _________.

6) (Loro/conoscersi) _________ quando frequentavano l'Università a

   Venezia.

7) (Tu/non accorgerti) _________ di quello che è successo ieri

pomeriggio?

8) (Noi/accorgerci) _____________ al primo sguardo.

9) Elena (addormentarsi) _____________ durante una lezione poco

interessante della professoressa.

10) Eva e Beatrice (laurearsi) _____________ insieme in medicina.

11 접어대명사

기초문법

직접목적어, 간접목적어가 대명사화될 경우 동사 앞으로 이동되는 규칙이 있다.
이들 중 직접목적어만 이동하거나 간접목적어만 이동하는 경우가 있는 반면 둘 다
이동할 경우에는 혼합되어 새로운 형태로 동사 앞에 나타난다.

 **간접목적 대명사와 구문**

(~에게) 강세형	(~에게) 약형
a me	mi
a te	ti
a lui a lei a Lei	gli le Le
a noi	ci
a voi	vi
a loro	gli/loro

▶ 현대 이탈리아어의 문장에서는 강세형보다 약형의 사용이 선호된다.

예) Maria dà una penna a me. 마리아가 내게 펜을 준다.

Maria mi dà una penna.

Do una penna a Maria.

Le do una penna.

▶ '그들에게' 의 경우 다음에서 보는 바와 같이 3개의 표현이 모두 가능하다.

예) Scrivo agli amici 친구들에게 편지를 쓴다

= Gli scrivo = Scrivo loro = A loro, scrivo.

Do una lezione agli allievi 학생들에게 수업을 한다

= Gli do una lezione = Do loro una lezione = A loro, do una lezione.

▶ 약형의 접어들은 동사 앞에 위치하거나 원형동사의 뒤에 달라붙을 수 있다. 후자의 경우에는 마지막 모음 -e가 삭제되어 연접된다.

예) Voglio scrivere una lettera a Maria. 마리아에게 편지를 쓰고 싶다.

Le voglio scrivere una lettera.

Voglio scriverle una lettera.

2 직접목적 대명사와 구문

~을 (사람)	~을 (사물)
mi	lo(남성단수명사) la(여성단수명사) li(남성복수명사) le(여성복수명사) ne(부분수량)
ti	
lo/la/La	
ci	
vi	
li/le/ne	

▶ 직접목적어가 대명사화될 경우에도 직접목적어는 제 자리를 떠나 동사 앞에
위치한다. 원래의 직접목적어의 성과 수에 따라 대명사의 형태는 물론 다르다.

예) Maria compra il pane. 마리아가 빵을 산다.

Maria lo compra.

Maria mangia la mela. 마리아가 사과를 먹는다.

Maria la mangia.

Conosco questi ragazzi. 이 애들을 안다.

Li conosco.

Conosco queste ragazze. 이 애들을 안다.

Le conosco.

Quanti fratelli hai? 형제가 몇 명이니?

Ne ho due. 두 명.

▶ 직접목적 대명사 또한 간접목적 대명사와 마찬가지로 동사 앞에 위치하거나
원형동사의 뒤에 달라붙을 수 있다. 후자의 경우에는 마지막 모음 -e가 삭제되어
연접된다.

예) Voglio scrivere una lettera a Maria. 마리아에게 편지를 쓰고 싶다.

La voglio scrivere a Maria.

Voglio scriverla a Maria.

3 이중목적 대명사와 구문

~에게	~을	~에게 ~을
mi	lo(남성단수명사) la(여성단수명사)	me lo, me la, me li, me le, me ne
ti		te lo, te la, te li, te le, te ne

gli/le/Le		glielo, gliela, glieli, gliele, gliene
ci	li(남성복수명사)	ce lo, ce la, ce li, ce le, ce ne
vi	le(여성복수명사) ne(부분수량)	ve lo, ve la, ve li, ve le, ve ne
gli		glielo, gliela, glieli, gliele, gliene

▶ 직접목적어 대명사와 간접목적어 대명사는 동사 앞에서 만나 이중목적 대명사를 만들어낸다.

예) Maria dà una penna a me. 마리아가 내게 펜을 준다.
　　Maria me la dà.
　　Do una penna a Maria.
　　Gliela do.

▶ 이중대명사 또한 동사 앞에 위치하거나 원형동사의 뒤에 달라붙을 수 있다. 후자의 경우에는 마찬가지로 마지막 모음 -e가 삭제되어 연접된다.

예) Voglio scrivere una lettera a Maria. 마리아에게 편지를 쓰고 싶다.
　　Gliela voglio scrivere.
　　Voglio scrivergliela.

어휘 플러스

["piacere" 동사류]

아래의 동사들은 다음과 같은 변형을 한다. 그러나 이들 동사의 주어는 보통 동사 앞에 나타나지 않아 '~에게 + 동사 + 의미적 주어'의 구문을 형성한다. 주로 3인칭 단수 내지 복수의 동사 변형 형태들이 사용되는 특이한 동사들이다.

piacere ~좋아하다: piaccio-piaci-piace-piacciamo-piacete-piacciono

mancare ~부족하다: manco-manchi-manca-manchiamo-mancate-mancano

sembrare ~인 것 같다: sembro-sembri-sembra-sembriamo-sembrate
    -sembrano

parere ~인 것 같다: paio-pari-pare-paiamo-parete-paiono

importare ~중요하다: importo-importi-importa-importiamo-importate
    -importano

interessare ~관심 있다: interesso-interessi-interessa-interessiamo-interessate
    -interessano

servire ~쓰이다: servo-servi-serve-serviamo-servite-servono

occorrere ~필요하다: occorro-occorri-occorre-occorriamo-occorrete
    -occorrono

necessitare ~필요하다: necessito-necessiti-necessita-necessitiamo
    -necessitate-necessitano

예) *Io piaccio la pizza.

    Mi piace la pizza.

    Mi piacciono le pizze.

    A me piace la pizza.

    A mia madre piace la pizza.

    Non mi sembra/pare/importa/interessa/serve//occorre…

[구문 연습]

Le piace [la lingua italiana / la cucina italiana / la cucina francese / il vino rosso / il vino bianco / il mare / la montagna / la Ferrari / la Macerati

/ la Mercedes / il succo di frutta / l'aranciata / il caffè / il cappuccino / il té / viaggiare / studiare / fare vacanze / la carne / il pesce / la musica]?

Le piacciono [gli animali / i cani / i gatti / i gioielli / le pellicce / gli orologi svizzeri / i giapponesi / gli italiani / gli spaghetti / le lasagne / le mele / le pere / le pesche / i soldi / i quadri / i libri]?

Chi dorme non piglia pesci

Pierino è un gran pigrone e la mattina non vuole mai alzarsi dal letto. Il padre gli ripete sempre il proverbio "Chi dorme non piglia pesci", ma senza nessun risultato. Una mattina, non si sa come, Pierino si alza all'alba, prestissimo, e va nella camera del padre che ancora dorme, lo prende per i piedi e lo tira giù dal letto. -Andiamo a prendere i pesci!- dice Pierino. Piero non capisce. Piero si alza, si veste e accompagna fuori il figlio. Gli fa fare un giro per la città, lo porta in una gelateria e gli compra due gelati al cioccolato e due alla panna sperando che dimentichi i pesci. Pierino mangia i gelati e poi ricomincia da capo. Il padre gli compra un cornetto e un pasticcino alla crema. Pierino li mangia, poi dice ancora che vuole andare a prendere i pesci. Piero entra in un negozio dove vendono delle caramelle grosse e dure. Pierino ne mette in bocca una e rimane zitto per un bel po'. Dato che sono anche molto buone, dopo la prima

Pierino ne mette in bocca una seconda e poi una terza e poi una quarta e va avanti tutta la giornata senza più chiedere dei pesci.

Ⓥ pigliare 낚다, dimenticare 잊어버리다, ripetere 반복하다, tirare 끌어당기다, capire 이해하다 accompagnare 동행하다, portare 데려가다, comprare 사다, vendere 팔다, mettere 놓다, 두다, chiedere 묻다, 요구하다, sperare 희망하다 / Ⓝ pesce 물고기, pigrone 게으름뱅이, letto 침대, proverbio 속담, risultato 결과, alba 여명, gelateria 아이스크림 가게, gelato 아이스크림, piede 발, cioccolato 초콜릿, crema 크림, negozio 가게, 상점, caramella 캐러멜, bocca 입, giornata 일과 / Ⓐ nessuno 아무런, grosso 큰, duro 딱딱한, zitto 조용한, 침묵의, buono 맛있는 / ● all'alba 동틀 무렵에, fare un giro 일주하다, da capo 처음부터, rimanere zitto 침묵을 지키다, per un bel po' 잠시, dato che ~이기 때문에, andare avanti 앞으로 나아가다

Ⅰ. 직접목적대명사, 간접목적대명사를 사용하여 다음 문장들을 전환하시오.

1) Studio la matematica.

2) Compra le cravatte.

3) La settimana prossima finiamo la scuola.

4) Prendo un cappuccino.

5) Metto la borsa sul tavolo.

6) Serve altro a Lei?

7) Perché non rispondi al direttore?

8) Racconto una fiaba a mia nipote.

9) A mia madre piace la mela.

10) Serve a voi un aiuto?

Ⅱ. 적절한 혼합대명사를 사용하여 같은 뜻의 문장으로 전환하시오.

1) Offro un caffè a Silvia.

2) Dice una bugia al professore.

3) Devo comunicare a Silvia il risultato dell'esame.

4) Quando mandi i fiori a Michele?

5) Pago il caffè agli amici.

6) Mi presta l'ombrello.

7) Insegna la lingua italiana agli studenti?

8) Compri il computer a tuo padre?

9) Mi può indicare la strada per il Colosseo?

10) Vuole spiegarmi la regola del gioco?

12 명령법

기초문법

이탈리아어 동사의 명령법 변형은 다음과 같다.

 **규칙동사의 명령형**

1) 긍정 명령

인칭	am-are	tem-ere	sent-ire	fin-ire
tu	am-a	tem-i	sent-i	finisci
Lei	am-i	tem-a	sent-a	finisca
noi	am-iamo	tem-iamo	sent-iamo	finiamo
voi	am-ate	tem-ete	sent-ite	finite
loro	am-ino	tem-ano	sent-ano	finiscano

2)부정 명령

인칭	am-are	tem-ere	sent-ire	fin-ire
tu	non amare	non temere	non sentire	non finire
Lei				
noi	non + 긍정명령 형태			
voi				
loro				

▶ 1인칭 명령형은 없다. 직접명령은 현재와만 관련이 있으므로 과거나 미래의 명령도 없다. 결론적으로 상대(들)에 대한 직접명령은 tu, Lei, voi, loro의 형태로 귀결된다.

▶ 직접명령은 눈에 보이는 2인칭 상대방에게나 가능할 것이다. 따라서 ‘너’ (tu), ‘너희들’ (voi)에 대한 명령은 친근체 명령형이다.

예) ascolta!, chiudi!, apri!/ascoltate!, chiudete!, aprite!

▶ 1인칭 복수에게 하는 명령은 청유형으로서 ‘~하자’ 라고 하는 일종의 제의라 할 수 있다.

예) ascoltiamo!, chiudiamo!, apriamo!

▶ 존칭 명령인 ‘당신’ (Lei), ‘당신들’ (Loro)에 대한 명령은 형식체 명령형이다. (예. ascolti!, chiuda!, apra!/ascoltino!, chiudano!, aprano!) 2인칭 복수의 존칭형태인 Loro는 현재의 이탈리아어에서 거의 사용하지 않으나 매우 공식적인 콘텍스트(최고급 레스토랑이나 연극 극장) 속에서만 매우 제한적으로 사용한다고 할 수 있다.

예) Ascolti, prego!
Non guardino, prego!
Ama la moglie tua come te stesso!
Non amarmi!
Sentiamo la musica!
Non temere, Carlo!

2 불규칙동사의 명령형

1) 긍정 명령

essere: sii-sia-siamo-siate-siano

avere: abbi-abbia-abbiamo-abbiate-abbiano

dire: di'(dici)-dica-diciamo-dite-dicano

dare: dai(da') -dia-diamo-date-diano

andare: vai(va')-vada-andiamo-andate-vadano

fre: fai(fa')-faccia-facciamo-fate-facciano

stare: stai(sta')-stia-stiamo-state-stiano

sapere: sappi-sappia-sappiamo-sappiate-sappiano

venire: vieni-venga-veniamo-venite-vengano

bere: bevi-beva-beviamo-bevete-bevano

예) Sii diligente, Marco!

   Abbiate pazienza, ragazzi!

   Di' a Silvia di venire domani!

   Date la chiave a Maria!

   Vai a scuola!

   Faccia pure!

2) 부정 명령

불규칙동사의 부정명령 또한 2인칭 단수의 경우에만 'non + 동사의 원형'의 형태를 취하고(es. non dire, non dare, …) 나머지는 긍정형과 동일한 변화형 앞에 부정어 non을 놓으면 된다.

예) Non essere pigro!   Non abbiate paura, signori!

   Non bere troppo!   Non prendermi in giro!

 재귀동사의 긍정명령형

1) 긍정 명령

	alzarsi	mettersi	vestirsi	pulirsi
tu	alzati	mettiti	vestiti	pulisciti
Lei	si alzi	si metta	si vesta	si pulisca
noi	alziamoci	mettiamoci	vestiamoci	puliamoci
voi	alzatevi	mettetevi	vestitevi	pulitevi
loro	si alzino	si mettano	si vestano	si puliscano

2) 부정 명령

재귀동사의 부정명령 또한 2인칭 단수의 경우에만 'non + 동사의 원형'의 형태를 취하고(es. non lavarti, non riposarti, …) 나머지는 긍정형과 동일한 변화형 앞에 부정어 non을 놓으면 된다.

예) Si alzi presto domani mattina!

Non alzarti troppo tardi!

Mettetevi al tavolo!

Si vesta ora!

Pulisciti i denti tre volte al giorno!

Ricordati bene!

 대명사가 있는 명령

Prendilo!

Raccontale tutto!

Non darmelo!

Lo prenda!

Le racconti!

Si ricordi!

Non me lo dia!

 비격식체 명령의 경우 대명사는 명령법 동사 뒤에 후접된다. 이 경우 단음절
명령어에 대명사가 결합될 때 이중자음화가 일어난다.

예) fammi!, dammi!, fallo!, dille!

반면 격식체 명령의 경우 대명사는 동사 앞에 등장한다.

예) Prendilo!   Lo prenda!

 다른 형태의 명령

Tradurre in italiano. 이탈리아어로 번역하시오.

Attenzione! 주의하세요!

Silenzio! 조용히 하세요!

Forza! 힘내!

Zitti! 조용히!

Su! 어서 해!

Avanti! 앞으로!

기타

1) 직접적인 명령 대신 미래동사를 사용하여 온건하게 명령할 수도 있다.

   Finirai tutto questo compito entro domani!

   (내일 안에 이 모든 숙제를 끝내야 할 거야!)

2) 앞에 없는 사람에게 다른 사람을 통해 간접명령을 할 수도 있다. 이 경우에는
3인칭 단수와 복수 형태의 명령법 형태가 사용된다.

Potete dire a Carlo che se non vuole ascolare i miei consigli, allora non mi chieda più niente! (카를로가 내 충고를 듣고 싶어 하지 않는다면 더 이상 내게 묻지 말라고 그에게 말해도 된다)

어휘 플러스

[Dare del 'tu' o del 'Lei'?]

A		B	
formale	amichevole	formale	amichevole
Buongiorno!	Ciao!	Buongiorno!	Ciao!
ArrivederLa!	Arrivederci!	ArrivederLa!	Arrivederci!
Come sta?	Come stai?	Bene, grazie, e Lei?	Bene, grazie, e tu?
Scusi!/Mi scusi!	Scusa!	Mi dica!	dimmi!
Oh, mi scusi!	Oh, scusami!	Non si preoccupi!	Non ti preoccupare!

[명령법 변화형의 암기]

essere: sii-sia-siamo-siate-siano

avere: abbi-abbia-abbiamo-abbiate-abbiano

dire: di'(dici)-dica-diciamo-dite-dicano

dare: dai(da') -dia-diamo-date-diano

andare: vai(va')-vada-andiamo-andate-vadano

fare: fai(fa')-faccia-facciamo-fate-facciano

stare: stai(sta')-stia-stiamo-state-stiano

sapere: sappi-sappia-sappiamo-sappiate-sappiano

venire: vieni-venga-veniamo-venite-vengano

bere: bevi-beva-beviamo-bevete-bevano

In classe

Il prof. Vincenzo entra in classe. Gli studenti si alzano in piedi e lo salutano.

- Buongiorno, ragazzi

- Buongiorno.

- Allora... sedetevi pure, facciamo l' appello..

- Non è necessario, siamo tutti presenti.

- Bene! Allora cominciamo. Mi raccomando, state attenti, la lezione di oggi è molto difficile. Prendete il libro e apritelo alla pagina 36. Giulia per favore vai giù dal bidello e portami un po' di gesso che è finito. Grazie.

Ⓥ alzarsi 일어나다, sedersi 앉다, Ⓐ necessario 필요한, attento 주의하는, presente 출석한, ● Allora (화제 집중과 새 논의 도입을 위한 간투사), fare l'appello 출석을 부르다, Mi raccomando 부탁하는데, per favore 청컨대, giù 아래, dal bidello 관리실에, un po' di~ 약간의

연습 문제

I. 다음 문장 내 동사를 명령형으로 바꾸시오.

1) (Noi) guardare che ore sono.

2) (Tu) andare al telefono e dire al portiere di far preparare il conto.

3) (Lei) dire al ragazzo di venire su.

4) (Tu) pulire la stanza e raccogliere i giocattoli.

5) (Tu) non dimenticare di impostare questa lettera.

6) (Voi) non andare lontano e ritornare presto.

7) (Lei) entrare pure!

8) (Voi) mi chiamare un taxi per favore!

9) (Loro) attendere un minuto e avere pazienza!

10) (Lei) mandare a me i libri a questo indirizzo.

II. 다음 밑줄 친 곳에 적절한 명령형을 넣으시오.

1) (Lei, aspettare) _______ l'autobus!

2) (Lei, chiamarmi) Signore, ______ all' ora di cena!

3) (Noi, farlo) _______!

4) (Loro, avere) Signori, ______ un attimo di pazienza!

5) (Tu, ricordarsi) _______ bene!

6) (Voi, ascoltare) _______ con attenzione!

7) (Lei, essere) ______ gentile! Può spegnere la sigaretta?

8) (Tu, andarci) Vai a scuola, ______ subito!

9) (Tu, vestirsi) ______ in fretta!

10) (Tu, cambiare) Non ______ il programma!

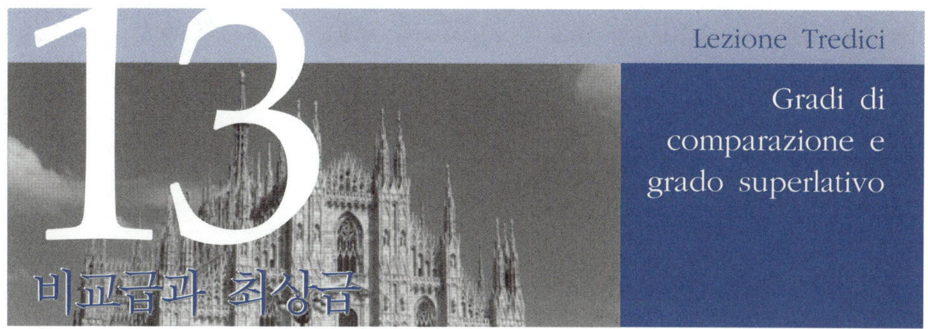

기초문법

비교급과 최상급 문장을 만들어내는 방법에 대해 살펴보자.

1 명사와 대명사의 비교

Gino è più intelligente di Lucia. (우등)

Gino è meno intelligente di Lucia. (열등)

Gino è intelligente quanto Lucia. (동등)

Lui è più intelligente di lei. (우등)

Lui è meno intelligente di lei. (열등)

Lui è intelligente come lei. (동등)

▶ 명사구끼리의 비교는 동일한 무게로 비교되어야 한다. 예를 들어 어느 한 쪽에 관사가 있다면 비교 대상인 다른 쪽도 관사를 지녀야 한다.

예) La mia macchina è più veloce della tua. 내 차가 네 차보다 더 빠르다.
La birra è meno alcolica del vino. 맥주는 와인보다 알코올이 덜하다.

2 동사와 형용사의 비교

Viaggiare è più divertente che studiare. (우등)

Viaggiare è meno divertente che studiare. (열등)

Viaggiare è divertente quanto(come) studiare. (동등)

Francesca è più simpatica che bella. (우등)

Francesca è meno simpatica che bella. (열등)

Francesca è simpatica quanto(come) bella. (동등)

▶ 비교대상인 동사가 언제나 정확히 표현되지 않고 내포될 경우도 있다.

예) È meglio mangiare pesce fresco che (mangiare) pesce surgelato.
냉동생선보다 신선한 생선을 먹는 것이 낫다.

▶ 동등비교 시 quanto나 come는 tanto-quanto, così-come처럼 짝을 이루어
강조하는 경우가 있으나 구어체에서는 극히 드문 표현이다.

예) L'auto è (così) veloce come comoda.
L'auto è (tanto) veloce quanto comoda.
그 자동차는 편한 만큼 빠르다.

3 양의 비교

Conosco più ragazze che ragazzi. (우등)

Conosco meno ragazze che ragazzi. (열등)

Conosco tante ragazze quanti ragazzi. (동등)

Conosco tanti ragazzi quante ragazze. (동등)

> 동등비교 시 tanto/i/a/e 명사, quanto/i/a/e 명사의 일치에 유의하여야 한다.

4 절대적 최상급

Roberto è un uomo molto intelligente. 로베르토는 아주 머리가 좋은 사람이다.
Roberto è un uomo intelligentissimo.

> 형용사 앞에 "molto", "tanto", "assai" 와 같은 부사를 첨가하거나 형용
사의 어미에 -issimo/i/a/e를 붙여 최상급을 만들어낼 수 있다.

5 상대적 최상급

Vincenzo è il ragazzo più intelligente di tutti.
빈첸초는 모든 그 누구보다 머리가 좋은 아이다.
Vincenzo è il ragazzo meno alto della classe.
빈첸초는 반에서 가장 키가 작은 아이다.

> '정관사 명사 più 형용사' 혹은 '정관사 명사 meno 형용사' 의 형태로
최상급을 표현한다.

[비교급과 최상급]

원급	비교급	상대적 최상급	절대적 최상급
buono	migliore più buono	il migliore il più buono	ottimo buonissimo
cattivo	peggiore più cattivo	il peggiore il più cattivo	pessimo cattivissimo
grande	maggiore più grande	il maggiore il più grande	massimo grandissimo
piccolo	minore più piccolo	il minore il più piccolo	minimo piccolissimo
alto	superiore più alto	il superiore il più alto	supremo altissimo
basso	inferiore più basso	l' inferiore il più basso	infimo bassissimo

Federico è appassionatissimo di cinema. Ha letto che la più importante sala cinematografica della città proietterà questa sera un film drammatico di grande successo che la critica definisce il più bel film dell' anno. Naturalmente Federico vuole andare a vederlo ma non ha voglia di andarci da solo. Pensa che sarebbe meglio una compagnia femminile perciò decide di telefonare a Francesca.

Francesca è una sua vecchia compagna di liceo e tra le sue amiche è forse la più simpatica anche se la meno bella e la meno elegante. Federico sta per chiamarla quando arriva Mario, il suo migliore amico, un ragazzo simpaticissimo e anche lui molto appassionato di cinema. Ecco la persona più adatta per andare ad assistere alla proiezione del film più bello della stagione! Mario è felicissimo, accetta l' invito e insieme escono di casa.

● appassionato di ~을 무척 좋아하다, ho letto (avere+leggere 동사의 과거분사 형태는 완료과거를 나타냄), proietterà (proiettare 영사하다, 투사하다 동사의 단순미래 형태), andarci (ci는 동사의 원형에 후부착된 장소의 부사) 그곳에 가다, sarebbe (essere 동사의 조건법 현재 단수3인칭 변형), anche se ~라 할지라도, stare per~ 막 ~하려고 하다

다음 문장을 (우등, 열등, 동등)비교급 또는 최상급의 문장으로 완성하시오.

1) Il letto è _______ lungo _______ largo.

2) Questo armadio è _____ utile _______ bello.

3) Stasera preferisco restare a casa piuttosto ________ andare a teatro.

4) L' Italia è _______ bella ________ Francia.

5) Questa casa è _______ bella ________ comoda.

6) Spendere i soldi è _______ facile ________ guadagnarli.

7) Per me è più interessante visitare un museo ________ andare al cinema.

8) È più a buon mercato mangiare a casa _______ andare al ristornate.

9) Febbraio è _______ lungo _______ gennaio.

10) Luigi lavora ___________ me.

11) Il clima è ________ freddo a Milano ________ a Napoli.

12) Comandare è ________ difficile ________ ubbidire.

13) La primavera è la stagione _______ bella ________ tutte.

14) Roberto è il _______ ricco della famiglia, ma anche il ________ intelligente.

15) Mario è ________ intelligente ________ Luigi.

16) Lui è ________ felice ________ sua moglie.

17) La guerra è ________ terribile ________ inutile.

18) Mario ha ________ libri ________ riviste.

19) Giulia è _______ bella ________ sua madre.

20) Maria è _____ simpatica ________ suo padre.

기초문법

이탈리아어의 미래 시제는 단순미래와 선립미래로 나뉜다. 단순미래와 달리 선립미래는 미래에 일어날 두 가지 행위 사이에 시차가 있을 경우에 사용한다.

 규칙동사의 단순미래

	am-are	scriv-ere	part-ire
io	am-erò	scriv-erò	part-irò
tu	am-erai	scriv-erai	part-irai
lui/lei/Lei	am-erà	scriv-erà	part-irà
noi	am-eremo	scriv-eremo	part-iremo
voi	am-erete	scriv-erete	part-irete
loro	am-eranno	scriv-eranno	part-iranno

예) Ti amerò per sempre. 널 영원히 사랑할 거야.

　　Silvia scriverà una lettera a Roberto. 실비아는 로베르토에게 편지를 쓸 것이다.

　　Partiranno subito dopo pranzo. 그들은 점심 먹고 나서 바로 출발할 것이다.

essere	sa~	
avere	av~	
dovere	dov~	
volere	vor~	
potere	pot~	- rò
andare	and~	- rai
venire	ver~	-rà
dare	da~	-remo
stare	sta~	-rete
dire	di~	-ranno
vedere	ved~	

예) Sarò a Busan domani. 내일 난 부산에 있을 거야.

Avremo molte cose da fare. 우리는 할 일이 많을 거야.

Dovrai studiare molto. 넌 공부 많이 해야 해.

Vorrai sapere la verità. 너는 진실을 알고 싶을 것이다.

Potrò diventare ricco. 나는 부자가 될 수 있을 것이다.

Andremo un giorno in Italia. 우린 언젠가 이탈리아에 갈 거야.

Verrò sicuramente con voi. 난 분명히 너희들과 함께 갈 것이다.

Darò i fiori alla mamma. 엄마에게 꽃을 드리겠다.

Staremo insieme. 우리는 함께 있을 것이다.

Diranno le bugie. 그들은 거짓말을 할 것이다.

Oggi Vedremo un film italiano durante la lezione.
오늘 수업시간에 이탈리아 영화를 볼 것이다.

▶ 단순미래는 단순히 미래에 일어날 행위(Domani telefonerò al professore.), 명령(Ora farai tutto questo e perciò non uscirai!), 불명확성(Non lo so esattamente, ma saranno le undici.)을 표현하는 데 쓰인다.

▶ 미래에 일어날 일이라는 것을 상황이나 문맥 속에서 알 수 있다면 미래동사 대신에 현재형을 써도 무방하다. (Quando viene la mamma? / Viene alle 5.00)

▶ 재귀동사의 단순미래형은 '재귀대명사 + 단순미래'의 형태를 취한다.
mi alzerò - ti alzerai- si alzerà- ci alzeremo- vi alzerete- si alzeranno

3 선립미래

주절	종속절
essere의 단순미래 + 과거분사	단순미래
avere의 단순미래 + 과거분사	

▶ 선립미래의 형태는 'Essere 또는 Avere동사의 단순미래형 + 과거분사'이다.

▶ 과거분사는 다음과 같이 도출된다. 규칙 동사의 경우는 -are → -ato, -ere → -uto, -ire → -ito의 형태를 취하지만 불규칙 동사의 경우에는 그 형태가 다양하므로 따로 암기하여야 한다. -are 동사와 -ire 동사는 약간의 불규칙 과거분사를 갖고 있는 반면, 대부분의 불규칙형 과거분사는 -ere 동사에 집중되어 있다. 예를 들어 decidere → deciso, chiudere → chiuso, fare → fatto, prendere → preso, perdere → perso, mettere → messo, spendere → speso, scrivere → scritto, chiedere → chiesto, spegnere → spento, accendere → acceso, dire → detto, trascorrere → trascorso, bere → bevuto, rimanere → rimasto, essere → stato, aprire → aperto, scoprire → scoperto, leggere → letto 등의 형태를 취한다.

▶ 사용해야 할 미래동사가 자동사인 경우 (즉, 목적어를 필요로 하지 않는 경우) 'essere의 단순미래형 + 과거분사' 의 형태를 취하고, 타동사인 경우 (즉, 목적어를 필요로 하는 경우) 'avere의 단순미래형 + 과거분사' 의 형태를 취한다. 단 avere 동사와 결합하는 과거분사는 기본적으로 늘 변화하지 않는 어미(-o)를 갖게 되지만 essere 동사와 결합하는 과거분사는 주어의 성과 수에 따라 어미가 항상 변화한다는 점에 유의하여야 한다.

예) (남/여) avrò mangiato　　(남/여) avremo mangiato
　　(남/여) sarò partito/a　　(남/여) saremo partiti/e

▶ 선립미래는 문장 내에서 단순미래와 함께 등장하며 단순미래보다 시제상 선행하는 미래를 나타내준다. 또한 과거의 일에 대한 불확실성을 표현한다.

예) Quando avrò capito la grammatica, parlerò sicuramente bene l'italiano.
문법을 이해하고 나면 확실히 이탈리아어를 잘 말하게 될 것이다.
Dopo che avrò finito i compiti, guarderò un film.
숙제가 끝나고 나면, 나는 영화 보러 갈 것이다.
Dopo che avremo mangiato, studieremo l'italiano.
우리는 식사가 끝나고 나면 이탈리아어를 공부할 것이다.
Appena saranno arrivati i miei amici, cominceremo subito la festa.
내 친구들이 도착하자마자 곧바로 파티를 시작할 것이다.
L'avrò anche detto, ma non ricordo bene.
아마도 내가 그것을 말했을 수도 있지만 잘 기억나지 않는다.

Quando saremo arrivati all'università, passeremo da voi.
학교에 갔다가 너의 집에 들를게.

어휘 플러스

[불규칙 과거분사형의 암기]

accendere → acceso	aprire → aperto
assistere → assistito	assumere → assunto
bere → bevuto	chiedere → chiesto
chiudere → chiuso	cogliere → colto
concludere → concluso	conoscere → conosciuto
correggere → corretto	correre → corso
cuocere → cotto	decidere → deciso
deludere → deluso	difendere → difeso
dipingere → dipinto	dire → detto
dividere → diviso	fare → fatto
illudere → illuso	leggere → letto
mettere → messo	nascondere → nascosto
offrire → offerto	perdere → perso
prendere → preso	produrre → prodotto
ridere → riso	rompere → rotto
scegliere → scelto	scrivere → scritto
spendere → speso	spegnere → spento
scoprire → scoperto	trascorrere → trascorso
vincere → vinto	vivere → vissuto

L'oroscopo del giorno

Ariete : oggi farete di tutto per essere insopportabili. Sarà meglio per i vostri amici se resterete in casa da soli per tutto il giorno. Gemelli: dovrete essere più chiari con la persona amata e potrete farlo solo se abbandonerete l'altro/a Cancro: potrete incontrare qualche difficoltà nel vostro ambiente di lavoro: sarà meglio per voi se sarete un po' più diplomatici. Leone: avrete una splendida mattinata. In serata farete un incontro romantico. Toro: la vostra naturale forza d'animo vi aiuterà in un momento difficile: vedrete che tutto andrà bene. Vergine: Dopo che avrete trascorso una serata divertente, un uomo/una donna vi farà la corte…E voi l'accetterete! Bilancia: i nati sotto questo segno dovranno stare attenti alla digestione! Ma se mangerete poco a colazione, non ci saranno problemi. Scorpione: dimenticherete per un giorno le vostre manie organizzative. In serata qualcuno vi farà una confessione. Sagittario: Oggi vi sveglierete tardi e arriverete in ritardo al lavoro: il vostro capo si arrabbierà moltissimo. Capricorno: oggi sarete testardi come gli altri giorni della settimana… Acquario: oggi, dopo che avrete speso un sacco di soldi, piangerete sul latte versato… Pesci: la giornata comincerà bene, ma verso mezzogiorno pioverà a dirotto e il vostro umore cambierà radicalmente.

● Capricorno 염소자리, Acquario 물독자리, Pesci 물고기자리, Ariete 산양자리, Toro 황소자리, gemelli 쌍둥이자리, Cancro 게자리, Leone 사자자리, Vergine 처녀자리, Bilancia 천칭자리, Scorpione 전갈자리, Sagittario 사수자리

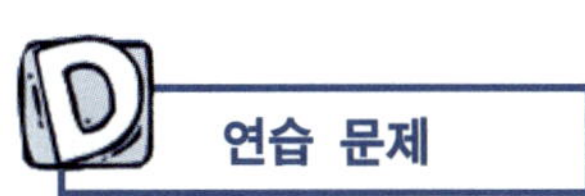

연습 문제

I. 괄호 속 동사를 미래형으로 바꾸시오.

1) (Io/dare) __________ questa lettera a Paola.

2) (Voi/stare) __________ a casa stasera?

3) (Io/bere) __________ un bicchiere di birra.

4) (Noi/potere) __________ venire con voi.

5) (Noi/andare) __________ al mare domani.

6) (Noi/fare) __________ un regalo ai nostri genitori.

7) (Io/potere) _________ venire a casa vostra domani?

8) (Tu/avere) _________ una bella sorpresa.

9) (Noi/essere) _________ felici di essere qui con voi.

10) (Tu/volere) _________ ascoltarmi almeno questa volta?

II. 밑줄친 부분에 적절한 미래 형태를 넣으시오.

1) Amore, quando (io/finire) _________ di guardare il telegiornale, (Io/aiutarti) _________ a lavare i piatti.

2) Quando (smettere) _________ di piovere, (noi/potere) _________ uscire.

3) (Io/sentire) __________ sicuramente la tua mancanza dopo che (tu/partire) ______ per questo lungo viaggio.

4) (Tu/prestarmi) __________ questo romanzo dopo che (tu/finire) _________ di leggerlo?

5) (Loro/essere) __________ veramente soddisfatti solo quando (voi/dirgli) _________ tutto quello che è successo.

6) Mio padre non (essere) __________ tranquillo finché (lui/non ricevere) ________ mie notizie.

7) la polizia (lasciare) __________ andare l' uomo quando (lui/dire) ________ tutto quello che sa.

8) (Voi/telefonare) ____________ appena (voi/arrivare) _________?

9) Il tuo medico (essere) _________ molto contento quando (tu/smettere) _________ di fumare.

10) Quando (io/finire) ________ il corso (io/parlare) _________ bene l'italiano.

15 직설법 근과거

 **기초문법**

직설법 근과거는 주관적으로 가깝다고 생각되는 완료과거로서 이탈리아어 구어체에서 가장 많이 사용되는 과거시제이다. 여기서 완료라고 하는 것은 이미 종결된 과거의 동작, 상태를 의미하는 것으로 제16과에서 다루어질 비완료 과거와 대비된다. 근과거의 형태는 다음과 같다.

1 직설법 근과거

essere 동사의 직설법 현재 + 과거분사	sono sei + andato/a al mare è
	siamo siete + andati/e al mare sono
avere 동사의 직설법 현재 + 과거분사	ho hai ha abbiamo + studiato l'italiano avete hanno
essersi의 현재 + 과거분사	mi sono ti sei + alzato/a alle sei si è
	ci siamo vi siete + alzati/e alle sei si sono

예) Siamo stati a Roma per cinque anni.

우리는 5년 동안 로마에 있었다.

Maria è arrivata a Perugia alle sei del pomeriggio.

마리아는 오후 여섯 시에 페루자에 도착했다.

Ha chiesto un favore a una donna.

그는 한 여인에게 부탁을 했다.

Ho dovuto studiare molto per laurearmi.

나는 졸업하기 위해 아주 열심히 공부해야 했다.

Mi sono divertita molto.

나는 매우 재밌게 놀았다.

Si è stressato molto per l'esame.

그는 시험 때문에 매우 날카로워졌다.

▶ 도표에서 보다시피 표현해야 할 동사가 자동사일 경우에는 'essere 동사의
직설법 현재 +과거분사'의 형태를, 타동사일 경우에는 'avere 동사의 직설법
현재 + 과거분사'의 형태를, 재귀동사일 경우에는 '재귀대명사 + essere
동사의 직설법 현재 + 과거분사'의 형태를 취한다.

▶ 모든 동사는 그 자체가 가지고 있는 의미적 자질에 따라 자동사 내지는 타동사로
구분되는데 자동사일 경우에는 'essere의 현재형 +과거분사', 타동사일 경우
에는 'avere의 현재형 +과거분사'의 결합형태를 갖는다. 선립미래의 형태에
서 보았던 것과 마찬가지로 essere와 결합하는 과거분사의 어미는 주어의 성,
수를 반영해야 하지만 avere 동사와 결합하는 과거분사의 어미는 기본적으로
언제나 '-o'의 형태를 갖는다. (그러나 앞으로 보게 될 '직접목적대명사
+ 근과거'의 형태가 될 경우 avere와 결합하는 과거분사의 어미는 변화한다).
'재귀대명사 + essere의 현재형 + 과거분사'의 형태를 갖는 재귀동사의 경우
는 그 형태에서 알 수 있듯이 과거분사의 어미가 자동사의 경우와 마찬가지로

성, 수에 일치되어야 한다.

 과거분사에 대해서는 제14과의 선립미래 부분에서 이미 자세히 설명하였으므로 참조 바람.

어휘 플러스

[essere o avere?]

1 복합시제에서 AVERE를 취하는 동사류

1) 타동사(verbi transitivi)

avere, guardare, credere, sentire, vedere, comprare, chiamare, regalare, dare, mangiare, ...

2) 몇몇 자동사(alcuni verbi intransitivi)

dormire, ridere, sorridere, bussare, viaggiare, camminare, passeggiare, ...

2 복합시제에서 ESSERE를 취하는 동사류

1) 자동사(verbi intransitivi)

essere, andare, cadere, partire, stare, arrivare, riuscire, entrare, rimanere, uscire, nascere, scappare, tornarre, ...

2) 재귀동사(verbi riflessivi)

lavarsi, alzarsi, svegliarsi, pettinarsi, trovarsi, ...

3) 수동태(forma passiva)

예) La campagna è stata abbandonata dai contadini.

 ESSERE와 AVERE 둘 다 취하는 동사류

1) 목적어 유무에 따른 사용

scendere: Ho sceso le scale di corsa./Sono sceso in cantina.

passare: Ho passato momenti difficili./Siamo passati da Via Bologna.

salire: Ho salito le scale./Sono salito per le scale.

vivere: Ho vissuto a Roma(경험)/È vissuto per molti anni a Roma(상태).

guarire: Il chirurgo ha guarito il paziente./Il paziente è guarito.

bruciare: Ho bruciato le carte./Le carte nel fuoco sono bruciate.

cominciare: Non ho cominciato la lezione./La lezione è cominciata.

2) 몇몇의 동작 동사

volare: È un vero pilota perché ha volato tante volte.

　　　　Sentita la notizia è volato subito da Silvia.

saltare: Ha saltato il pranzo.

　　　　Il ladro è saltato dalla finestra.

correre: Ha corso continuamente.

　　　　È corso da lei.

[con 'avere': 일반적 사용, con 'essere': 동작의 시작과 끝)

3) 날씨 표현

piovere: È/Ha piovuto molto.

nevicare: È/Ha nevicato molto.

Che cosa ha fatto Pietro l'estate scorsa?

Ha finito la scuola a fine giugno. Per un mese ha lavorato come cameriere in un ristorante e ha guadagnato quasi duemila euro. Così in agosto ha deciso di fare un bel viaggio in Europa. Ha comprato un biglietto del treno per Berlino e lì è rimasto per circa una settimana. Ha visitato la città e ha conosciuto tre ragazzi inglesi molto simpatici. Insieme hanno deciso di noleggiare un'automobile e di fare un lungo giro in Europa. Sono partiti da Berlino e sono andati in Svizzera, in Francia e in Belgio. Hanno visitato molte città famose ma anche piccoli centri, hanno mangiato piatti tipici e bevuto buon vino. Insieme si sono divertiti molto e Pietro ha potuto migliorare il suo inglese.

● decidere di~ 하는 것을 결정하다

I. 괄호 속 동사를 근과거 형태로 바꾸어 문장을 완성하시오.

1) Gli studenti (aprire) ___________ la porta.

2) Che cosa (prendere) ___________ Carlo al bar?

3) Ecco dei libri che io (leggere) __________ molte volte.

4) Ho ricevuto una lettera da Carla, ma non le (rispondere) __________

ancora.

5) Chi (scrivere) ____________ questa frase alla lavagna?

6) L'anno scorso noi (andare) __________ a Roma.

7) Le studentesse (partire) ____________ per l'Italia.

8) Al cinema noi (divertirsi) ___________ molto.

9) Carla e Maria (arrivare) ____________ a Toronto ieri.

10) Io (nascere) ___________ a Perugia.

11) Loro non mi (vedere) __________.

12) Noi (stare) ___________ in Italia tre mesi.

13) Chi (bere) ____________ tutto il vino?

14) Giancarlo e Fernanda (arrivare) ____________ a Bologna ieri.

15) Noi (andare) ____________ via subito.

16) Gli amici di Maria (passeggiare) ________ per il centro storico della città.

17) Io ti (mandare) ___________ il libro ieri sera.

18) Maria (andare) __________ da mia madre ieri sera.

19) Maria (tornare) ____________ dall'Italia l'anno scorso.

20) Marco (raccontare) ____________ agli amici una barzelletta.

16 비완료과거

기초문법

비완료과거는 완료과거인 근과거와 달리 과거의 지속적이고 반복적인 행위나 상태를 표현한다. 근과거가 '~했다'의 표현이라고 한다면 비완료과거는 '~하고 있었다' 정도의 표현이라고 할 수 있다. 따라서 비완료과거는 '~하고 있는 동안' 혹은 '~한 시기에' 같이 시점을 정해주는 표현과 함께 등장할 경우가 많다. 형태는 다음과 같다.

 비완료과거의 규칙변형

	essere	avere	cerc-are	legg-ere	dorm-ire
io	ero	avevo	cerc-avo	legg-evo	dorm-ivo
tu	eri	avevi	cerc-avi	legg-evi	dorm-ivi
lui/lei/Lei	era	aveva	cerc-ava	legg-eva	dorm-iva
noi	eravamo	avevamo	cerc-avamo	legg-evamo	dorm-ivamo
voi	eravate	avevate	cerc-avate	legg-evate	dorm-ivate
loro/Loro	erano	avevano	cerc-avano	legg-evano	dorm-ivano

예) Quando ero bambino, volevo diventare avvocato.

내가 어렸을 때, 나는 변호사가 되고 싶었다.

Ho vissuto in una casa in campagna, quando avevo dieci anni.

나는 10살 때 시골집에서 살았다.

Cercavo dappertutto il mio portafoglio perduto.

나는 잃어버린 지갑을 여기저기서 찾고 있었다.

Leggevo ogni mattina il giornale.

나는 매일 아침 신문을 읽곤 했다.

Mentre il professore spiegava la grammatica italiana, dormivo sempre.

교수님이 이탈리아어 문법을 설명하는 동안 나는 항상 자곤 했다.

Faceva colazione quando il suo fidanzato ha telefonato.

약혼자가 전화를 했을 때, 그녀는 아침식사 중이었다.

Diceva la propria opinione davanti al pubblico.

그는 대중들 앞에서 자신의 의견을 말하곤 했다.

Beveva ogni sera prima di ritornare a casa.

그는 집에 돌아가기 전 매일 밤 술을 마시곤 했다.

> 완료과거(근과거)와 비완료과거는 용어에서 알 수 있듯이 완료와 비완료라는 근본적 개념차이에 의해 분리된다는 점에 유의해야 한다. 비완료과거는 과거의 지속적인 행위(Studiavo molto quando frequentavo l'università), 과거의 반복적 행위(Durante le vacanze, andavo spesso a teatro), 과거의 병렬적 행위(Mangiavo, bevevo e mi ubriacavo in quel periodo) 등을 묘사하는 데 쓰인다.

2 비완료과거의 불규칙변형

fare: facevo-facevi-faceva-facevamo-facevate-facevano

dire: dicevo-dicevi-diceva-dicevamo-dicevate-dicevano

bere: bevevo-bevevi-beveva-bevevamo-bevevate-bevevano

compiere: compivo-compivi-compiva-compivamo-compivate-compivano

muovere: movevo-movevi-moveva-movevamo-movevate-movevano

porre: ponevo-ponevi-poneva-ponevamo-ponevate-ponevano

tradurre: traducevo-traducevi-traduceva-traducevamo-traducevate
　　　　 -traducevano

trarre: traevo-traevi-traeva-traevamo-traevate-traevano

▶ 완료과거와 비완료과거는 내재적인 의미가 사뭇 다르다. 아래의 예에서 괄호
속의 내용이 표현되지 않았지만 실제 뜻하는 바는 괄호 속의 의미이다.

예) Volevo fare una vacanza. (ma non sono andato in vacanza.)
　　나는 휴가를 가고 싶었다. (하지만 못 갔다.)
　　Ho voluto fare una vacanza. (perciò sono andato in vacanza.)
　　나는 휴가를 가고 싶었다. (그래서 갔다.)

어휘 플러스

[소사particelle ne와 ci]
　"ci" 는 다음의 용법으로 사용된다.

1) 상태동사 혹은 동작동사(andare, venire, essere, stare, rimanere)와 함께 장소
의 부사구를 대신한다.
예) Vai a Roma? Sì, ci vado raramente.
　　Vieni in Inghilterra? No, non ci vengo

2) 허사로서의 기능을 한다.
예) È a casa la signora? Non, non c'è.

3)　'a, in, su + 어떤 것, 어떤 행위(~에 대해)' 를 대신한다.
예) Penso spesso a casa mia = Ci penso spesso.
　　Credo molto in quello che dice = Ci credo molto.
　　Conto molto sulla tua promessa = Ci conto molto.

4) vederci, sentirci의 경우에는 '(그것을)보다, 듣다' 의 의미로 전환된다.

예) perché cambi posto? perché da qui non ci vedo bene.

   Carlo ascolta la radio a tutto volume perché non ci sente bene.

반면 "ne" 는 다음의 용법으로 사용된다.

1) 전체가 아닌 부분을 나타낸다.

예) Bevi tutto quel vino? No, ne bevo solo un bicchiere.

   Conosci tutte quelle persone? No, ne conosco solo alcune.

2) 'di + 사람, 사물(~에 대해)' 을 표현한다.

예) Che ne dici?

   A Gianni piace il calcio e ne parla continuamente.

   Non me ne importa.

3) 'da + 장소' 를 대신한다.

예) Esco da qui = Ne esco.

   Me ne vado.

La prima volta che ho incontrato Renato, abitavo ancora a
Torino. Mi sono innamorata subito di lui. Non era molto
bello ma era molto affascinante, aveva i capelli neri e portava
gli occhiali; indossava sempre dei pantaloni neri di cotone.
Lo incontravo tutte le mattine nella biblioteca dell' università
e spesso lo guardavo mentre lui leggeva e studiava con
impegno. Frequentava il secondo anno di Giurisprudenza:
voleva diventare un avvocato. Ma Renato non era soltanto

affascinante ed intelligente, era anche molto simpatico.
Spesso lo incontravo in un bar vicino all' università e lo
vedevo ridere e scherzare con i suoi amici. Io ero davvero
inamorata di Renato...ma a quei tempi ero molto timida e
perciò non ho mai parlato con lui e sicuramente lui non si
ricorda di me...! A proposito...ma si chiamava proprio
Renato? Forse era Andrea... No! Il suo nome era proprio
Renato! Si, si, mi ricordo bene: si chiamava Roberto!

● innamorarsi di ~와 사랑에 빠지다, lo vedevo ridere e scherzare
그가 웃고 장난치는 것을 보곤 하였다

I. 밑줄 친 곳에 적절한 비완료과거의 형태를 넣으시오.

1) Quand'ero piccolo, (andare) ___________ spesso a Napoli.

2) Ieri, mentre noi (cenare) ___________, ha telefonato Carlo.

3) Mentre Mauro e Sonia (dormire) ___________, noi siamo usciti.

4) Maria (essere) _____________ sempre stanco.

5) Daniele (dare) _____________ sempre un bacio alla mamma prima della

buona notte.

6) Mentre mio fratello (leggere) ____________, cosa (fare) ___________ tu?

7) Io (parlare) __________ alla professoressa quando tu mi hai chiamato.

8) Da bambina/o (avere) __________ sempre paura del buio.

9) Da giovane (studiare) ____________ poco, ma ora lavoro molto.

10) Quando sono entrato in casa, i ragazzi (fare) _____________ i compiti.

II. 밑줄친 곳에 적절한 완료과거 혹은 비완료과거의 형태를 넣으시오.

1) Sabato scorso Maria (volere) _____________ uscire, ma non (finire)

_____________ ancora i compiti e così (restare) _____________ a casa.

2) (Conoscere, io) _____________ i tuoi genitori e tua sorella proprio ieri.

Non li (vedere) __________ mai prima!

3) Mentre voi (uscire) _____________, (squillare) ___________ il telefono.

4) Da bambino (piacerti) ___________ molto i film? Sì, (andare)

___________ ogni sabato al cinema.

5) Ogni estate mio figlio (andare) ____________ in campagna con i nonni.

Quest'anno non (andarci) __________ .

6) Quando noi (sposarsi) ___________ nel 1999, mio marito (avere)

__________ solo ventidue anni!

7) Ieri Roberto (fare) _______ i compiti quando tu (telefonare) ___________.

8) Sabato scorso (volere, io) ____________ uscire, ma mia madre (stare)

___________ male perciò (rimanere) ___________ a casa.

9) (Io, sapere) _______________ solo ieri che anche Carlo è italiano!

10) Mentre voi (parlare) ___________, (cominciare) ____________ a piovere.

기초문법

우리는 제11과에서 본 주제에 대해 접어대명사라는 이름으로 이들 대명사들의 이동을 다룬 바 있다. 이탈리아어의 기본적인 어순은 '주어 + 동사 + 동사가 요구하는 요소'이므로 직접목적어(~를)와 간접목적어(~에게)는 원론적으로 동사 다음에 놓이는 요소이지만 이들이 대명사화가 되면 동사 앞으로 이동된다는 사실을 학습하였다. 관련 도식을 다시 한 번 기억해보자.

 **직접, 간접, 이중대명사의 체계**

~에게	~을	~에게 ~을
mi		me lo, me la, me li, me le, me ne
ti	lo(남성단수명사) la(여성단수명사) li(남성복수명사) le(여성복수명사) ne(부분/수량)	te lo, te la, te li, te le, te ne
gli/le/Le		glielo, gliela, glieli, gliele, gliene
ci		ce lo, ce la, ce li, ce le, ce ne
vi		ve lo, ve la, ve li, ve le, ve ne
gli		glielo, gliela, glieli, gliele, gliene

예) Volevo salutare Maria → La volevo salutare. (=Volevo salutarla)

Ho detto a Giorgia → Le ho detto.

Offro due birre a Vincenzo. → Gliele offro.

Quanti libri/mele compri? → Ne compro uno/una (due).

2 직접, 간접, 이중대명사와 과거분사의 어미

그러나 이러한 대명사들이 근과거와 같은 복합시제 구문(조동사 essere, 혹은 avere + 과거분사)을 만나면 현재시제의 경우보다 훨씬 복잡해진다. 동사 앞으로 이동된 직접목적대명사(lo,la,li,le,ne)의 성, 수 정보가 과거분사의 어미에 영향을 준다. 반면 간접목적대명사는 과거분사의 어미에 영향을 주지 못한다. 다음의 예를 보면 그 메커니즘을 이해할 수 있다.

Ho dato i fiori a Silvia.

Li ho dati a Silvia.

Le ho dato i fiori.

Glieli ho dati.

Ho mandato una lettera a Paolo.

La ho mandata a Paolo. (=L' ho mandata a Paolo)

Gli ho mandato una lettera.

Gliela ho mandata. (=Gliel' ho mandata)

▶ 과거분사의 어미에 영향을 미치는 lo, la, li, le는 목적어 전체를 인수한다. 하지만 ne의 경우에는 목적어 전체를 인수하지 못하고 부분만을 인수한다.

▶ 직접목적대명사 mi, ti, ci, vi가 근과거형 동사 앞에 등장할 경우 lo, la, li, le와 달리 과거분사의 어미는 성수 일치에 크게 영향을 받지 않아 선택적이다.

예) Lui ci ha chiamati = Lui ci ha chiamato.

　　Mi hanno invitata = Mi hanno invitato.

 부분을 나타내는 소사 ne와 과거분사의 일치

Quanti fiori hai dato a Silvia?

→ Gliene ho dato uno.

　　Gliene ho dati due.

Quante lettere hai mandato a Paolo?

→ Gliene ho mandata una.

　　Gliene ho mandate due.

▶ 근과거 문장에서 부분을 나타내는 ne가 등장할 경우 과거분사의 어미에 대명사의 특성이 반영되어야 함을 보여주고 있다.

예) Hai bevuto tutta questa birra? No, ne ho bevuta poca.

B 어휘 플러스

[불확정 형용사 및 대명사]

불확정적 형용사	불확정적 대명사	불확정적 형용사/대명사
ogni+단수명사	uno	ciascuno (단수)
qualche+단수명사	ognuno	nessuno (단수)
qualsiasi+단수명사	chiunque	molto/tanto/poco/parecchio
qualunque+단수명사	qualcuno/qualche	/troppo/quanto/
certo/i/a/e	-duno	alcuno/tale/tutto (단수, 복수)

예) Ogni giorno/qualche libro/qualsiasi giornale/qualunque cosa

Un certo signor Kim/Certe persone

Uno/Ognuno può sbagliare.

Chiunque mi chiami, non risponderò.

Qualcuno/Qualcheduno può pensare così.

Ciascuno/Nessuno vuole avere la sua parte.

In ciascun giornale/In nessun caso

Molti/Alcuni pensano diversamente.

molte/troppe cose

해석

"Non sai chi ho rivisto l' atra sera? Giuliano, il mio ex fidanzato. L' ho incontrato per caso in un bar. Lui mi ha riconosciuto subito e mi ha salutato con un bacio. All' inizio non sapevo cosa dirgli, cosa chiedergli, ero molto imbarazzata. Poi gli ho raccontato del mio lavoro e lui del suo. Dopo un po' che chiacchieravamo mi ha offerto da bere: io ho preso un bicchiere di vino bianco mentre lui una birra. È ancora così bello e simpatico che ho avuto persino il coraggio di invitarlo a ballare e alla fine gli ho chiesto se ora ha una fidanzata. Lui ha sorriso, mi ha risposto di no e poi mi ha invitato a cena. Così domani lo vedrò di nuovo, che meraviglia!

● da bere 마실 것

연습 문제

다음 물음에 대명사를 사용하여 대답하시오.

1) Quando Massimo ha sposato Maria?

____

2) Perché Maria ha dato una mela a Paolo?

____

3) Perché gli ha regalato una cravatta?

____

4) Da dove hanno spedito il vestito a Francesca?

____

5) Perché Patrizia ha dato tutti questi consigli a Giuliana?

____

6) Perché avete comprato questa borsa?

____

7) Dove hai letto tutte queste riviste?

____

8) Dove avete conosciuto Anna?

____

9) Quando hai restituito la bici a Pina?

____

10) Dove ha comprato il pollo per la madre di Pietro?

____

11) Quando hai risposto a tua madre?

____

12) Quando ti hanno promesso di comprarti la macchina?

____

13) Perché hai chiesto ad Angela di svegliarsi presto?

____

14) Paola ha stirato il vestito per Giulia?

____

15) Ha spiegato loro la regola?

____

16) Quando avete finito i compiti?

____

17) Quando Raffaello ha visto la Fornarina per la prima volta?

____

18) Massimo ha lasciato le chiavi a Laura?

____

19) Dove hai trovato queste belle bambole?

____

20) Quanti cioccolatini hai portato a Silvia?

____

기초문법

가까운 과거를 나타내는 것이 근과거라고 한다면 현재와 관련성이 없는 먼 과거를 표현하는 것이 원과거이다. 원과거는 단순시제의 형태이므로 그 변화형을 따로 암기하여야 한다. 하지만 가깝고 먼 것의 기준은 무엇일까? 기준은 상당히 애매한 것이라서 말하는 이의 주관적 (시간적, 심리적) 관념에 따른 것이라 할 수 있다. 원과거는 역사적 사실, 옛날의 종결된 과거, 현재와 관련 없는 과거 일의 서술, 소설이나 얘깃거리의 전형적 서술체로 사용되는 시제이다.

예) Cristoforo Colombo scoprì l'America nel 1492.

　　Quell'anno spesi molti soldi per le vacanze.

　　"Oh, grazie fatina!" disse Cenerentola.

　　Cenerentola cominciò a piangere quando vide partire le sorellastre.

▶ 일반적으로 근과거와 원과거의 선택은 자유롭다고 할 수 있다. 하지만 일단 한 시제를 선택하면 일관적으로 그 시제를 사용해야 한다.

▶ 구어체에서 근과거를 더욱 많이 사용한다고 하지만 이탈리아 중, 남부의 경우를 보자면 꼭 그렇지 않다. 그리고 문어체의 경우에 원과거의 사용은 확고하다.

▶ 현재와 관련이 있다면 원과거가 아닌 근과거의 형태를 사용해야 한다.

　　예) Mia moglie mi lasciò perché pensavo solo al lavoro.

Mia moglie mi ha lasciato e io sono triste e disperato.

1 조동사 ESSERE와 AVERE의 직설법 원과거

	essere	avere
io	fui	ebbi
tu	fosti	avesti
lui/lei/Lei	fu	ebbe
noi	fummo	avemmo
voi	foste	aveste
loro	furono	ebbero

예) Dante fu il grande lingusta.

Ebbe fortuna di vincere alla gara.

2 규칙동사의 직설법 원과거

	amare	credere	sentire capire
io	am-ai	cred-ei(-etti)	sent-ii
tu	am-asti	cred-esti	sent-isti
lui / lei/Lei	am-ò	cred-é(-ette)	sent-ì
noi	am-ammo	cred-emmo	sent-immo
voi	am-aste	cred-este	sent-iste
loro	am-arono	cred-erono(-ettero)	sent-irono

예) L'amai tanto.

Non credetti ai miei occhi.

Sentii il grido.

Lo capii subito.

3 불규칙동사의 직설법 원과거

dare: diedi(detti)-desti-diede(dette)-demmo-deste-diedero(dettero)

bere: bevvi-bevesti-bevve-bevemmo-beveste-bevvero

dire: dissi-dicesti-disse-dicemmo-diceste-dissero

▶ 불규칙 동사의 대부분은 -ere 동사에 집중되어 있다.

▶ 특히 단수 1인칭과 3인칭, 복수 3인칭의 불규칙 형태를 암기하면 편리하다.

예) presi-prese-presero

▶ 동사의 과거분사 형태가 -so, -sto, to로 되어 있는 동사들은 단수 1인칭이 -si의 형태로 변화하고 있다.

예) prendere, preso → presi-prese-presero, venire, venuto → venni-venne-vennero, nascondere, nascosto → nascosi/nascose/nascosero vincere, vinto → vinsi/vinse/vinsero

▶ 동사의 과거분사 형태가 -tto(-rre형 동사)나 -sso로 되어 있는 동사들은 단수 1인칭이 -ssi의 형태로 변화를 시작한다.

예) leggere, letto → lessi/lesse/lessero

scrivere, scritto → scrissi/scrisse/scrissero

esprimere, espresso → espressi/espresse/espressero

▶ 그 이외의 동사들은 분류할 수 없는 독자적인 변화형을 갖고 있다.

예) vedere (vidi…), fare (feci…), vivere (vissi…), conoscere (conobbi…), mettere (misi…), parere (parvi…), rompere (ruppi…), venire (venni…), morire (morii…)

어휘 플러스

[직설법 원과거의 주요 불규칙 변형목록]

accendere: accesi-accendesti-accese-accendemmo-accendeste-accesero

cadere: caddi-cadesti-cadde-cademmo-cadeste-caddero

chiedere: chiesi-chiedesti-chiese-chiedemmo-chiedeste-chiesero

cogliere: colsi-cogliesti-colse-cogliemmo-coglieste-colsero

conoscere: conobbi-conoscesti-conobbe-conoscemmo-conosceste
　　　　　　　　-conobbero

correre: corsi-corresti-corse-corremmo-correste-corsero

crescere: crebbi-crescesti-crebbe-crescemmo-cresceste-crebbero

decidere: decisi-decidesti-decise-decidemmo-decideste-decisero

dipingere: dipinsi-dipingesti-dipinse-dipingemmo-dipingeste-dipinsero

dividere: divisi-dividesti-divise-dividemmo-divideste-divisero

fare: feci-facesti-fece-facemmo-faceste-fecero

leggere: lessi-leggesti-lesse-leggemmo-leggeste-lessero

mettere: misi-mettesti-mise-mettemmo-metteste-misero

muovere: mossi-movesti-mosse-movemmo-moveste-mossero

nascere: nacqui-nascesti-nacque-nascemmo-nasceste-nacquero

nascondere: nascosi-nascondesti-nascose-nascondemmo-nascondeste
　　　　　　　　-nascosero

offendere: offesi-offendesti-offese-offendemmo-offendeste-offesero

piacere: piacqui-piacesti-piacque-piacemmo-piaceste-piacquero

prendere: presi-prendesti-prese-prendemmo-prendeste-presero

produrre: produssi-producesti-produsse-producemmo-produceste
-produssero

rimanere: rimasi-rimanesti-rimase-rimanemmo-rimaneste-rimasero

rispondere: risposi-rispondesti-rispose-rispondemmo-rispondeste
-risposero

sapere: seppi-sapesti-seppe-sapemmo-sapeste-seppero

scendere: scesi-scendesti-scese-scendemmo-scendeste-scesero

stare: stetti-stesti-stette-stemmo-steste-stettero

tenere: tenni-tenesti-tenne-tenemmo-teneste-tennero

tradurre: tradussi-traducesti-tradusse-traducemmo-traduceste-tradussero

vedere: vidi-vedesti-vide-vedemmo-vedeste-videro

venire: venni-venisti-venne-venimmo-veniste-vennero

vincere: vinsi-vincesti-vinse-vincemmo-vinceste-vinsero

vivere: vissi-vivesti-visse-vivemmo-viveste-vissero

volere: volli-volesti-volle-volemmo-voleste-vollero

Non appena il principe vide Cenerentola, se ne innamorò perdutamente. Ballarono insieme tutta la sera. Nessuno la riconobbe neppure le sorellastre. Il tempo passò rapidamente e d' improvviso l'orologio cominciò a battere la mezzanotte. In quel momento Cenerentola si ricordò della sua promessa e corse via. Il principe cercò invano di fermarla chiedendole il suo nome. Cenerentola riuscì a fuggire via ma perse nella corsa una delle sue scarpette di cristallo che il principe trovò sulle scale e raccolse.

● non appena ~하자마자, innamorarsene 사랑에 빠지다, d'improvviso 갑자기, chiedendole 그녀에게 물어보면서

I. 밑줄 친 곳에 적절한 원과거 형태를 넣어 문장을 완성하시오.

1) Dante Alighieri (nascere) _______ a Firenze nel 1265.

2) Cristoforo Colombo (scoprire) _______ l'America nel 1492.

3) Noi (frequentare) _______ l'università dal 1975 al 1980.

4) Quell'estate, voi (rimanere) _______ per un mese alla villa del nonno.

5) Gli attori e le attrici (recitare) _______ molto bene, e alla fine dell'atto il sipario (calare) _______ fra uno scroscio di applausi.

6) Mentre andavo al bar, (incontrare) _______ degli amici di scuola.

7) Io (incontrare) _______ il tuo professore di liceo mentre andavo al Teatro Nazionale.

8) Il poco mangiare e il poco parlare lo (fare) _______ stare male.

9) Loro ci (dare) _______ da bere molto vino.

10) Non (partire) _______ perché non mi fu possibile.

II. 적절한 근과거 혹은 원과거의 형태를 넣으시오.

1) Stamattina io non (fare) _______ colazione.

2) La prima unificazione d'Italia (avvenire) _______ nel 1861.

3) L' ultima volta che ebbi l' occasione di visitare l' Italia (essere) _______ nel 2004.

4) (Essere) _______ i romani i primi conquistatori dell' Europa.

5) Loro mi (bocciare) _______ all'esame e adesso sono disperato.

6) Noi (sposarsi) _______ dieci anni fa e siamo ancora innamorati.

7) Ieri loro ci (dire) _______ che oggi non ci sarebbe stata lezione.

8) "Che cos'è?" (dire) _______ la principessa.

9) Finalmente un giorno (nascere) _______ una splendida bambina.

10) Quella donna (morire) _______ all'età di ottant'anni.

19 대과거와 선립과거

기초문법

 대과거

대과거는 어떤 과거 행위보다 먼저 일어난 과거를 표현하는 데 사용되는 과거이다.
지금까지 학습한 모든 과거들(근과거, 반과거, 원과거)의 과거이다. 따라서 대과거는
언급한 과거들 이전에 일어난 행위를 표현한다. 대과거의 형태는 다음과 같다.

종류	형 태	예
자동사	essere의 반과거 + p. p.	ero eri + stato/a era
		eravamo eravate + stati/e erano
타동사	avere의 반과거 + p. p.	avevo avevi + comprato aveva
		avevamo avevate + comprato avevano

예) Mi ha regalato un libro che avevo già letto. (근과거의 과거)

Quella era una delle poche cose buone che avevo visto in lui. (반과거의
과거)
Cenerentola rispose a una domanda che le avevano fatto. (원과거의
과거)

그러나 기준이 될 만한 또 다른 과거가 외현적으로 드러나지 않고 대과거만이 독자적
으로 출현하는 경우도 있다. 이럴 경우엔 다음 예에서 보는 바와 같이 괄호 속
내용을 전제하고 있다고 해석할 수 있다.

La Bella non aveva mai visto prima un castello così stupendo.
(= adesso che è stata nel castello, può dire che è stupendo, ma prima
non l'aveva mai visto.)

다음 문장들 속에서 시제의 문제를 생각해 보자.

Quando ho acceso la tv, la partita era già cominciata.
Quando sono arrivati alla stazione, il treno era partito da poco.
Ieri mi è arrivato il libro che avevo ordinato un mese fa.
Ieri ero molto stanco perché avevo camminato tanto.

2 선립과거

선립과거는 원과거의 과거가 아니다. 원과거의 과거는 기본적으로 대과거이다. 그리
나 시간 부사(dopo, quando, finché, appena 등)가 이끄는 종속절에서 주절의
행위(원과거)보다 시간적으로 곧바로 앞서 완료된 행위를 나타낼 때 선립과거가
사용된다. 그 형태는 다음과 같다.

종류	형 태	예
자동사	essere의 원과거 + p. p.	fui fosti + stato/a fu
		fummo foste + stati/e furono
타동사	avere의 원과거 + p. p.	ebbi avesti + comprato ebbe
		avemmo aveste + comprato ebbero

예) Appena fu entrata in classe, tutti la salutarono.

Dopo che ebbe finito il lavoro, tornò a casa.

▶ 구어체에서 선립과거의 형태는 거의 사용되지 않는다.

▶ 주지하는 바와 같이 복합시제(선립미래, 근과거, 대과거, 선립과거)에서 조동사
의 선택과 과거분사의 어미 처리는 언제나 동일한 체계로 운영된다.

다음 문장들 속에서 시제의 문제를 생각해 보자.

L'abbracciò a lungo dopo che lo ebbe riconosciuto.

Lo salutarono appena lo ebbero visto.

Le telefonai quando ebbi ricevuto la sua lettera.

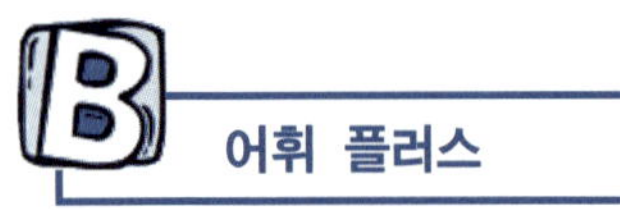

[직설법 재귀동사의 원과거]

원과거

lavarsi: mi lavai-ti lavasti-si lavò-ci lavammo-vi lavaste-si lavarono

credersi: mi credei-ti credesti-si credé-ci credemmo-vi credeste-si
　　　　crederono

pulirsi: mi pulii-ti pulisti-si pulì-ci pulimmo-vi puliste-si pulirono

예) Mi lavai, mi pettinai e mi vestii per uscire.

대과거

재귀대명사 + essere의 반과거 + p. p.(o/i/a/e)

예) Mi ero lavato le mani.

선립과거

재귀대명사 + essere의 원과거 + p. p.(o/i/a/e)

예) Si fu lavato le mani, dopo che tornò a casa.

Domenica scorsa Fabrizio si è alzato molto tardi perché la sera prima era andato in discoteca e aveva ballato fino alle 5. Ha fatto colazione e poi ha telefonato a Franco ma lui non era a casa, era già uscito. Sua madre gli ha detto che si era alzato presto, aveva fatto colazione e poi era andato via. Allora anche Fabrizio è uscito di casa e ha incontrato Franco per strada. Insieme hanno pranzato e poi all' ultimo momento hanno deciso di andare al cinema. Quando sono entrati, però, il film era già cominciato da alcuni minuti.

● per strada 길에서

연습 문제

I. 다음 괄호 안의 동사 원형을 문맥에 맞게 대과거나 선립과거로 바꾸시오.

1) Appena (proferire) _______ queste parole, si morse la lingua.

2) Non interruppe il suo discorso, finché (non dire) _______ tutto quello che voleva dire.

3) Quando i nemici (ritirarsi) _______, le nostre truppe avanzarono immediatamente.

4) Quando siamo arrivati, il treno (partire) _______ già.

5) Le cose sono andate nel modo che lui (prevedere) _________.

6) Appena (incontrare) _________ quella donna, la abbracciai.

7) Poiché (piovere) _______ per più di due settimane, i fiumi stavano per

straripare.

8) Ogni sera, quando suo padre (finire) _______ il lavoro, andavano insieme

in chiesa.

9) Quando noi siamo andati a trovarlo, Luigi (finire) _______ già di cenare.

10) Ieri sera ho visto il film di cui loro (parlarmi) __________ tanto la

settimana passata.

11) Stamattina la tv ha dato una notizia che io (leggere) _______ sul giornale

di ieri.

12) Mi disse che Paola (tornare) _________ a casa sua, ma (lei/rimanerci)

_______ solo un giorno.

13) Enzo si comportava male e faceva cose che (lui/non fare) _______ mai

prima.

14) Dopo che (lui/finire) _______ il lavoro, tornò a casa.

15) Nessuno mi ha detto ciò che (succedere) _________ ieri.

16) Siamo arrivati a casa loro quando (loro/finire) _________ appena di

mangiare.

17) Mia zia ha ripetuto una storia che (raccontare) _______ già tante volte.

18) Io non (frequentare) __________ mai prima d'ora questa scuola.

19) Appena il professore (entrare) _______ in aula, tutti lo salutarono.

20) Appena (io/finire) _________ di studiare, trovai subito lavoro.

관계대명사

기초문법

관계대명사는 두개의 문장을 하나로 연결하는 데 필요한 요소이다. 두 문장을 하나로 연결하려면 두 문장의 공통되는 요소가 존재하기 마련인데 그것을 우리는 선행사라 부른다. 다시 말해서 두 문장의 공통요소는 선행사가 되며 이 선행사는 대개 관계대명사 앞에 출현한다. 이탈리아어에는 크게 네 가지 종류의 관계대명사가 있다.

 che

이탈리아어의 관계대명사 중에서 가장 일반적으로 많이 사용되는 것으로서 주격 및 목적격 관계대명사로만 쓰인다. 주격 관계대명사는 종속절의 문장에서 주어 위치에 있던 요소가 선행사로 추출될 때 사용되고 목적격 관계대명사는 종속절의 문장에서 목적어 위치에 있던 요소가 선행사로 추출될 때 사용된다. 관계대명사 che는 전치사 혹은 정관사와 같은 요소와 결합하여 사용할 수 없으며, 항상 단독으로 출현한다.

예) Can che ∅ abbaia non morde. (주격 관계대명사)

Le scarpe che ho comprato ∅ ieri costano un occhio della testa. (목적격 관계대명사)

 quale, quali

관계대명사 quale는 관계대명사 che를 대신하여 사용할 수 있으며 '정관사
+qulae(i)'의 형태를 지닌다. 따라서 che에 비해 선행사의 성, 수 정보를 보다 정확
하게 표현할 수 있다. 관계대명사 quale의 또 다른 형태는 '전치사+정관사
+quale(i)'이다. 이는 관계대명사 che가 단독으로만 사용되기 때문에 전치사의 문제
를 처리하기 위한 도구이다. 관계대명사 quale는 선행사의 성, 수에 따라 il quale
(남성단수), la quale(여성단수), i quali(남성복수), le quali(여성복수)로 변화된
다. 의문사 quale는 아포스르포와 함께 쓰지 않는 특이함이 있다.

예) Il ragazzo il quale(=che) ho conosciuto in discoteca si chiama Mario.
  La ragazza con la quale sono uscita si chiama Silvia.
  Qual è il tuo paese?

cui

관계대명사 cui는 그 형태가 불변이며 크게 보아 세 가지 용법으로 사용된다. '전치
사+cui', '정관사+cui', '단독으로서의 cui'가 그것이다.
먼저 '전치사+cui'는 '전치사+정관사+quale(i)'를 대치하여 마찬가지의 의미로 사용
된다.
둘째 '정관사+cui'는 소유의 의미로 사용되며 여기에서 정관사는 cui 다음에 출현하
는 명사의 성과 수를 반영한다.
셋째 '단독으로서의 cui'는 'a +정관사+quale(i)' 내지 'a cui'를 대신하는 단순형태로
사용되기도 한다.

예) Il ragazzo con cui(=con il quale) ho parlato si chiama Siu.

La ragazza, il cui padre è ricco, è bellissima.

La ragazza cui(=a cui) scrivo un e-mail si chiama Sean.

4 chi

관계대명사 chi는 그 형태가 불변이며 반드시 단수로 취급된다. '~하는 사람'의 의미로서 일반적인 사람인 선행사를 자체로서 포함하고 있다. 따라서 chi가 쓰이는 곳에는 선행사가 출현할 수 없으며 'colui che~, colei che~, coloro che~, le persone che~' 로도 표현할 수 있다.

예) Non mi piace chi parla troppo.

Non puoi fidarti di chi non conosci bene.

Chi dorme non piglia pesci.

▶ 관계대명사 che는 종속절의 주어 내지는 목적어만을 선행사로 취한다는 점에 유의해야 한다. 이는 종속절의 주어 내지 목적어만이 선행사로 추출된다는 것을 의미한다. 경우에 따라서는 선행사를 'ciò che', 'quello che'의 형태로 사용하기도 한다. 또한 관계대명사 che는 전치사를 동반하여 사용될 수 없으며 언제나 단독으로 사용된다는 점도 알아두어야 한다. 경우에 따라서는 'il che'의 형태가 쓰이기도 하는데 이는 앞 문장 전체를 언급할 때 사용된다. 그리고 che를 대신해서 사용할 수 있는 것은 '정관사+quale(i)'가 있다.

예) La pizza che(=la quale) ho mangiato ieri era buonissima.

La ragazza che(=la quale) mi hai presentato l'altro ieri è molto brava.

Non capisco ciò che(=quello che) il professore ha spiegato.

Il ragazzo non riesce a camminare, il che significa che sta molto male.

▶ 관계대명사 quale(i)는 선행사의 성, 수에 따라 그 형태가 변화함에 유의해야 한다. 관계대명사 quale(i)는 관계대명사 che를 대신하여 '정관사 +quale(i)'의 형태로 쓰이거나 관계대명사 che가 처리할 수 없는 전치사가 게재하는 문장을 '전치사+정관사+quale(i)'의 형태로 처리하는 데 쓰인다. 하지만 최근에 quale는 '~와 같은'의 의미로 쓰일 때 단독으로 출현하는 경향이 있다. 이 경우에는 선행사의 수를 반영하는 형태 quale(i)로 나타나며 뒤에는 선행사의 부분집합이라고 할 수 있는 하위성분들이 나열되어 나타난다.

예) I professori i quali(=che) abbiamo incontrato al centro erano antipatici.
I ragazzi con i quali esco ogni sera sono milanesi.
Il professore al quale ho telefonato insegna matematica.
Le chiede di inserire alcuni dati personali, quali, per esempio, il nome, l'indirizzo e-mail e il ruolo ricoperto all'interno dell'azienda.

▶ 관계대명사 cui는 그 형태가 불변이며 전술한 바와 같이 대개 세 가지 용법으로 사용된다. 먼저 '전치사+cui'는 관계대명사 che가 처리할 수 없는 전치사 게재문장을 처리하기 위한 도구로서 '전치사+정관사+quale(i)'와 동등한 가 치로 사용된다. 둘째 '정관사+cui'는 소유의 의미로 사용되어 주로 문장의 중간에 삽입되는데 cui 앞의 정관사는 문장 전체의 선행사가 아닌 cui 다음에 출현하는 명사의 성과 수를 반드시 반영하여야 한다. 셋째 '단독으로서의 cui'는 'a cui'의 생략 형태로 사용되기도 한다.

예) Il dentista da cui(=dal quale) sono andato era molto bravo e non mi ha fatto pagare nulla.
I bambini, i cui genitori permettono tutto, crescono maleducati.
La donna cui(=a cui 혹은 alla quale) ho telefonato era molto gentile.

▶ 관계대명사 chi는 단수는 물론 복수의 의미를 나타낼 때도 한 가지 형태 chi만을 가지며 표현되지 않는 의미적 선행사로 사람만을 내포한다. 선행사가 외현적으로 표현되지 않으며 전치사와도 함께 출현할 수 있다는 점에 유의하여야 한다.

예) Chi(=Le persone che) dorme non piglia pesci.

Non hai bisogno di fare regali a chi non conosci bene.

▶ 위에 언급한 네 가지 종류의 관계대명사 외에 관계부사인 dove, quanto 등도 관계대명사의 용법으로 사용되기도 한다.

예) Sono cresciuto dove(=in cui) sono nato.

Devi riflettere su quanto(=su quello che) hai fatto.

어휘 플러스

[의문사의 품사]

1) 의문대명사: "che?" (=che cosa?, cosa?), chi?, quale/i?, quanto/i/a/e?

예) Che dici?/Chi viene da me?/Quale ti piace?

2) 의문 형용사: "che?", quale/i?, quanto/i/a/e?

예) Che programmi hai?/Quale libro hai scelto?/ Quante persone siete?

3) 의문 부사: dove?, quando?, perché?, come?, quanto?

예) Dove vai?/Come stai?/perché studi l'italiano?/Quando è partito?/

Quanto l'hai pagato?

1) Io ho due occhi con cui vedo, una bocca con cui mangio, due mani con cui lavoro, un cervello con cui penso. Gli arti con i quali cammino sono le gambe. Il letto sul quale dormo è molto duro. La città in cui abito è molto bella. Mio fratello, a cui ho scritto una lettera ieri, è in America. Gli animali con cui viviamo sono animali domestici.

2) Domanda: Tra il mio giardino e quello del mio vicino c'è un muro che in primavera e in estate, è coperto dalle sue piante che arrivano fino dalla mia parte. A chi spetta tagliarle? / Risposta: Se le piante superano il muro divisorio Lei potrà costringere il suo vicino a tagliare i rami che arrivano dalla sua parte o tagliarli lei stesso senza chiedere alcun permesso. L'articolo 892 stabilisce che chi vuole piantare alberi presso il confine deve osservare delle precise distanze.

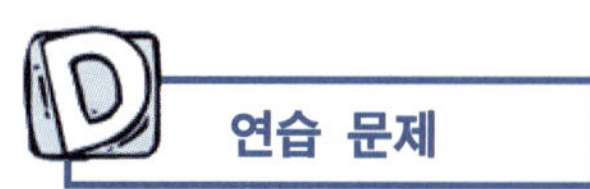

I. 다음 밑줄 친 곳에 적절한 관계대명사를 넣으시오.

1) Le persone _________ hanno distrutto le Torri Gemelle sono terroristi.

2) L'uomo _________ hanno parlato tanto i giornali è Massimo Rubino.

3) Questa è una guerra _________ ha un campo d'azione molto più ampia.

4) La città _________ sono nata è molto lontana.

5) _________ trova subito un lavoro è fortunato.

6) Quel ragazzo, _________ cane si chiama Ugo, è molto amante degli animali.

7) Mario, _________ compleanno è il 25 settembre, è romano.

8) Non sappiamo esattamente _________ vuole Maria.

9) La droga è una fonte di guadagno _________ la mafia ha bisogno.

10) Un'altra fonte di guadagno _________ la mafia usa è la prostituzione.

1) Guardiamo un po' la camera. La camera dà sul giardino.

____

2) Il parrucchiere mi ha tagliato i capelli. Il parrucchiere è molto bravo.

____

3) Ho parlato di politica con una ragazza. La ragazza è un'amica di Oscar.

____

4) State discutendo di un argomento. Questo argomento non mi interessa.

____

5) Siamo usciti con tre amici. I tre amici sono messicani.

____

6) Ho incontrato un ragazzo. Il ragazzo si chiama Francesco.

____

7) Abbiamo telefonato al dottore. Il dottore è molto disponibile.

____

8) I loro genitori permettono tutto. I bambini crescono male e viziati.

____

9) Tu mi hai scritto una bella lettera. Ti ringrazio per la bella lettera.

____

10) Il ragazzo non riusciva a camminare. "Questo" significa che stava molto male.

____

기초문법

함축법은 부정법(Modi infiniti)이라고도 한다. "conoscere", "partire", "aver conosciuto", "essere partito/i/a/e", "cadente", "caduto", "camminando", "avendo preso" 와 같은 형태에서는 인칭, 성, 수에 대한 정보가 없어 누구에 대한 언급을 하는 것인지 이해할 수 없을 것이다. 하지만 그러한 정보는 직접 표현되지 않았으나 문장의 다른 부분 (주절) 내에 내포되어 있다. 함축은 (단순, 복합) 원형부정사, (단순, 복합) 동명사, (현재, 과거) 분사에서 나타난다.

 원형부정사

동사의 명사적 용법으로서 동사의 원형이 쓰이며 성, 수 인칭 정보가 내포되어 있다.

1) 단순부정사는 두 행위의 동시성을 나타낸다.

[Potevo/Posso/Potrò] diventare un direttore.
[Era/È/Sarà] necessario studiare.
[Si è lavato/Si lava/Si laverà] prima di uscire.

▶ 원형부정사는 때로 명사처럼 사용되기도 한다.

예) Uscire a quest'ora non è consigliabile.

L'aver lavorato molto ci ha fatto diventare ricchi.

Il troppo bere nuoce.

È vietato fumare.

▶ 원형부정사는 명령을 수행하기도 한다.

예) Tradurre in coreano.

Non fumare troppo.

▶ 원형부정사는 다음의 표현들 속에서 막 닥칠 일을 표현한다.

예) [Sto/Stavo] per uscire.

[È/Era] sul punto di piangere.

[È in procinto di] partire per l' Italia./*cenare.

▶ 원형부정사는 감탄문이나 의문문에서 등장할 수 있다.

예) Non poter partire! Che sfortuna!

Che dire in quella situazione?

▶ 원형부정사는 전치사나 조동사 뒤에 등장할 수 있다.

예) Vado a preparare da mangiare.

È cominciato a piovere.

Dobbiamo studiare molto.

Volevo andare via subito.

2) 복합부정사는 다른 행동보다 먼저 일어난 행위를 나타낸다. 형태는 다음과 같다.

essere + p. p.(o/i/a/e)

avere + p. p.(o)

예) Dopo aver mangiato, è uscito. (=Dopo che aveva mangiato, è uscito.)
   Dopo essere stata a Parigi, è andata a Milano.
   (= Dopo che era stata a Parigi, è andata a Milano.).

▶ 복합부정사로 표현된 부분이 시간상 먼저 일어난 일을 표현한다.

예) Dopo aver finito il lavoro, esco.

▶ essere + p. p.와 avere + p. p.에서 과거분사의 어미 부분은 언제나 그렇듯이
   모든 복합시제에서 일어나는 일치의 문제와 동일하다.

▶ "aver mangiato"의 경우처럼 두 단어가 하나로 결합할 때 음성적 축약(e모음
   의 탈락)이 일어날 수 있다.

2 제룬디오 (동명사)

동명사의 현재(단순 제룬디오)와 과거 시제(복합 제룬디오)가 있으며 형태는 아래와 같다.

단순동명사			복합동명사
am-are	tem-ere	sent-ire	essendo + p. p.
am-ando	tem-endo	sent-endo	avendo + p. p.
amandolo/la/li/le			avendolo/la/li/le amato/a/i/e
asvegliandosi, vedendosi, vestendosi			essendoci stato/a/i/e

▶ 단순제룬디오는 동시성을, 복합제룬디오는 선 행위를 나타낸다.

[L' ho visto/Lo vedo/Lo vedrò] passeggiando.

[Ho capito/Capisco/Capirò] l'uso avendo letto il manuale.

Potrò iscrivermi all' università solo avendo finito il liceo.(= quando avrò finito)

Ho potuto iscrivermi all' università solo avendo finito il liceo.(= quando avevo finito)

▶ 제룬디오는 주로 '~하면서, ~함으로써, ~하는 동안, ~하기 때문에' 등 여러 형태로 해석될 수 있다.

Si impara sbagliando. (수단)

Maria ci ascoltava sorridendo. (행동양태)

Legge il giornale fumando. (동시성)

Avendo perso tutto, non potevo comprarti quell'anello. (원인)

Facendo così, non risolverai niente. (조건)

Pur essendo stanco, continua a studiare. (= Sebbene sia stanco…)

Ho aiutato Maria, pur sapendo che è una bugiarda. (= benché sapessi…)

Pur avendo capito la nostra buona intenzione, il proprietario non ci dà ancora il permesso di usare il terreno. (= Nonostante abbia capito…) (양보)

▶ 복합제룬디오의 경우 시간적 선 행위만을 나타내는 것이 아니라 논리적 원인을 표현한다.

Essendosi allenato a lungo, ha fatto una bella figura nella gara.(=perché si è allenato a lungo, …)

▶ 'stare +gerundio' 는 현재 진행 형태로서 '~하고 있는 중' 임을 표현한다. 반면 이보다 사용이 적은 'andare + gerundio' 는 지속, 점진, 확실한 미래 효과의 개념이 더해진 표현이다.

[Sto/Stavo] studiando.

[Va/andava] migliorando sempre più.

▶ 주절과 종속절의 주어가 다를 때는 다음의 방식으로 문장이 이루어진다.
Vedo le persone passeggiare. (=Vedo le persone che passeggiano.)
Essendo lui arrivato in ritardo, tutti noi abbiamo perso il treno.

▶ 동명사의 형태가 명사와 형용사로 품사 전환된 경우들이 존재한다.
laureando(대학 졸업 예정자), tagliando(쿠폰), locanda(주막), vivanda(음식),
bevanda(음료수), propaganda(선전), mutande(팬티), azienda(기업),
leggenda(전설), dividendo(배당), merenda(간식), faccenda(업무)/
miserando(가엾은), venerando(존경할 만한, 존경하는), orrendo(무서운),
memorando(기억할 만한).

 분사

분사에는 두 동작의 동시성을 나타내는 현재분사와 두 동작 사이의 시간적 선행성을
나타내는 과거분사가 있다. 형태는 다음과 같다.

	현재분사	과거분사
am-are	am-ante/i	am-ato/i/a/e
tem-ere	tem-ente/i	tem-uto/i/a/e
sent-ire	sent-ente/i	sent-ito/i/a/e

분사는 시제의 동시성이나 선행성을 나타내기 위한 도구이지만 이제는 이미 형용사
내지 명사로 전환되어 쓰이고 있다.

예) Gli studenti partecipanti al corso devono presentarsi alle 9.00.
    Partita la zia, si mise a piangere. (= Dopo che fu partita la zia, si mise
    a …)

1) 형용사인 현재분사

ardente(불타는), cadente(낙하하는), pesante(무거운) fiorente(만개한), sorgente(솟아나는), bollente(끓는), eccellente(탁월한), potente(강력한), divertente(재미있는)
분사는 주어 및 목적어 명사와의 수의 일치관계를 기본으로 한다.

Natalino è un ragazzo brillante.
È un film divertente.

2) 명사인 현재분사

amante(애인), assistente(조수, 조교), cantante(가수), comandante(지휘자), combattente(戰士), contribuente(납세자), dirigente(관리자), insegnante(교사), principiante(초보자), rappresentante(대표자)

Enrico ha un bravo insegnante.
Non parlare al conducente durante la corsa.

▶ 현재분사인 보통명사의 성, 수는 정관사와 어미로써 구별한다.
[il/i/la/le]cantante/i(가수), dipendente/i(사원), conducente/i(운전사), dirigente/i(지배인)

3) 형용사인 과거분사

Partito lo zio, si mise a piangere.
Partita la zia, si mise a piangere.

Finito il lavoro, sono tornato subito a casa.

Finiti gli studi, ho iniziato il lavoro.

Criticata da tutti, la direttrice cambiò idea.

Criticate da tutti, le direttrici cambiarono idea.

▶ 과거분사는 보통 avere o essere + p. p.의 형태로 쓰이는 것을 기본으로 하나 과거분사 단독으로 쓰일 경우 형용사적 기능을 한다.

▶ 자동사의 과거분사는 동일구 내 행위주와 일치관계를 보인다.
타동사의 과거분사는 능동의 가치를 가질 때 목적어와 일치되며, 수동의 가치를 지닐 때 주절의 주어와 일치관계를 이루어야 한다.

4) 명사인 과거분사

bandito(도적), condannato(죄인), ferito(부상자), laureato(대학 졸업자), morto(사망자), pregiudicato(전과자), ricercato(용의자), ricoverato(입원환자). invitato(초대받은 자)

어휘 플러스

[불규칙 동사의 제룬디오 목록]

bere → bevendo

dire → dicendo

fare → facendo

produrre → producendo

tradurre → traducendo

muovere → movendo

porre → ponendo

riempire → riempiendo

trarre → traendo

nuocere → nocendo

1) Per mantenersi in forma, ogni mattina, prima di andare in ufficio, il signor Giuseppe fa un po' di jogging nel parco. Un giorno, mentre correva con molta altra gente, una ragazza lo colpì violentemente. Dopo aver guardato nelle tasche della tuta, il signore si accorse di non avere il portafoglio. Cominciò a correre velocemente per raggiungere la donna che lo aveva urtato e poi le disse con tono minaccioso: "Dammi subito il portafoglio!". Lei, spaventata, glielo diede subito. Dopo aver finito la sua corsa, l'uomo tornò a casa per farsi una doccia. Ma, dopo aver fatto la doccia ed essersi cambiato, vide sul comodino della camera da letto il suo portafoglio e si rese conto che quello che aveva in tasca era in realtà della donna.

● mantenersi in forma 멋진 몸을 유지하다, prima di~ 하기 전에, accorgersi di~ 알아차리다, rendersi conto di~알게 되다

2) Un giorno mentre facevo una passeggiata nel parco ho incontrato una strana signora seduta su una panchina. Sentendola piangere mi sono avvicinato a lei chiedendole se aveva bisogno d' aiuto. La signora, guardandomi negli occhi, mi ha detto che aveva appena scoperto suo marito con un' altra donna. A quel punto, pensando che la signora volesse stare da sola, stavo per andare via quando lei, prendendomi la mano, mi ha chiesto di rimanere per farle compagnia. Abbiamo parlato a lungo, io, cercando di farle coraggio, e lei raccontandomi la sua storia. E parlando, parlando ho scoperto che questa sconosciuta signora non era poi così sconosciuta: era la moglie del mio odiato professore d' inglese!

● avvicinarsi a~에게 다가가다, aver bisogno di~필요로 하다, guardare negli occhi 눈을 쳐다보다, per farle compagnia 그녀와 같이 있어주기 위해, a lungo 오래도록

I. 다음의 부정사 구문을 완전한 문장(적당한 접속사 + 주어 + 동사...)으로 바꾸시오.

1) Me ne ricordai uscendo di casa.

____

2) Avendo udito la tua voce, mi feci coraggio.

____

3) Avendo studiato troppo, si è logorata la vista.

____

4) Essendo stato diligente nello studio, è promosso senza esami.

____

5) Sapendo parlare bene l'inglese, Maria viaggia spesso all'estero senza problemi.

____

6) Arrivando sulla cima di questa collina, godrete di un bel panorama.

____

7) Facendo il proprio dovere, non c'è nulla da temere.

____

8) Essendosi alzata presto, Maria riuscì a vedere l'alba.

____

9) Essendo arrivata in ritardo, perse il treno per Roma.

____

10) Avendo letto il libro, glielo restituii.

____

1) Mentre saliva le scale, è scivolato. (동명사)

____

2) Dopo che lui fu arrivato, scapparono tutti. (분사)

____

3) Prima che partiate, dovete finire il lavoro. (부정사)

____

4) Quando parla in inglese, fa ancora molti errori. (동명사)

____

5) Si è sposato con un'americana e ha preso la cittadinanza americana. (분사)

____

6) Mio fratello guarda sempre la tv quando fa colazione. (동명사)

____

7) Dato che aveva bevuto troppo alcol, si è sentita male. (동명사)

____

8) Dopo che il sole tramonta, appare la luna. (분사)

____

9) Dopo che ha ricevuto una telefonata dalla mamma, è andato subito a
   fare la spesa. (부정사)

____

10) Dopo che aveva preparato la cena, si è riposata. (분사)

____

22 조건법

 **기초문법**

조건법에는 현재와 과거 두 가지 시제가 존재한다.

조건법 현재의 규칙변형

조건법 현재					
	avere	essere	parlare	credere	sentire(cap-ire)
io	avrei	sarei	parl-erei	cred-erei	sent-irei
tu	avresti	saresti	parl-eresti	cred-eresti	sent-iresti
lui/lei/Lei	avrebbe	sarebbe	parl-erebbe	cred-erebbe	sent-irebbe
noi	avremmo	saremmo	parl-eremmo	cred-eremmo	sent-iremmo
voi	avreste	sareste	parl-ereste	cred-ereste	sent-ireste
loro	avrebbero	sarebbero	parl-erebbero	cred-erebbero	sent-irebbero

▶ -ciare - giare 〉 comincerei, … mangerei, …

   -care -gare 〉 cercherei, … pagherei, …

조건법 과거의 변형

조건법 과거

조건법 과거 (혹은 복합 조건법)의 형태
Essere 혹은 Avere의 조건법 현재 + 과거분사
예. avrei finito(finire); sarei andato/a(andare)
   avremmo scritto(scrivere); saremmo partiti/e(partire)

예) Avrei studiato per l'esame, ma ero stanco/a.

Sarei andata al cinema ma ho dovuto studiare.

▶ 조건법은 현재와 과거(=조건법 현재+과거분사) 두 가지 시제로 사용된다. 조건법 과거의 경우 당연히 타동사는 avere 동사와 결합하고 자동사는 essere 동사와 결합한다. 아는 바와 같이 essere 동사와 결합하는 과거분사의 어미는 주어의 성, 수에 따라 일치가 이루어져야 한다.

예) Oggi resterei volentieri a casa per riposarmi.

Avrei finito i compiti, ma non ho potuto.

Sarebbe stata la moglie a uccidere il marito.

▶ 조건법 현재(Condizionale semplice)는 현재나 미래에 실현 가능한 희망을 표현할 때, 개인적인 의견을 완곡, 겸손하게 표현할 때, 그리고 상상, 위로, 부탁, 완곡한 명령, 조언, 확인되지 않은 사실, 가설, 요청 등을 보다 예의바르게 표현할 때 직설법 대신 사용한다.

예) Domani potremmo andare a fare una passeggiata al mare.

Secondo me sarebbe meglio fare come dici tu.

Allora io farei il barbone e tu potresti fare il poliziotto.

Dovresti smettere di fumare subito.

La polizia ha detto che l'assassino sarebbe una donna.

Vorrei un cappuccino, per favore.

반면 조건법 과거(Condizionale composto)는 과거에 실현할 수 없었거나 미래에 실현 가능성이 없는 희망을 표현할 때, 완곡, 겸손하게 과거의 일에 대한 개인적인 의견을 피력할 때, 실행되지 못한 과거의 기원, 희망 등을 표현할 때, 과거의 확인되지 않은 사실에 대한 가정을 표현할 때 사용한다.

예) Sarei stato a Milano, ma non ho potuto.

Domani sarei andata a Milano, ma non potrò di certo.

Al posto tuo, non mi sarei comportato così.

Avreste dovuto studiare bene per questo esame, ma non l'avete fatto.

Secondo la tv, la signora si sarebbe ammalata.

▶ 조건법 현재는 또한 미래를 표현하기 위한 간접화법으로도 사용된다.

예) Dice che verrebbe se ....

▶ 조건법 과거는 또한 '과거 속의 미래'를 표현하기도 하며 이 경우 주절과 종속절 사이에 설정되는 시제 조건을 만족시켜야 한다.

예) Stefania ha detto due giorni fa che sarebbe venuta ieri.

Il ragazzo ha promesso che si sarebbe sposato con Silvia.

▶ 조건법 과거형태는 과거에 실현되지 못한 사실을 표현하므로 다음 예에서 보는 바와 같이 괄호 속 표현이 나타나지 않더라도 그 사실을 이미 포괄하고 있다.

예) Avrei telefonato a Giorgio, (ma non avevo tempo).

Avrei comprato la Mercedes, (ma non avevo soldi).

어휘 플러스

[조건법 현재의 불규칙변형]

andare: andrei-andresti-andrebbe-andremmo-andreste-andrebbero

bere: berrei-berresti-berrebbe-berremmo-berreste-berrebbero

cadere: cadrei-cadresti-cadrebbe-cadremmo-cadreste-cadrebbero

compiere: compirei-compiresti-compirebbe-compiremmo-compireste
-compirebbero

dare: darei-daresti-darebbe-daremmo-dareste-darebbero

dovere: dovrei-dovresti-dovrebbe-dovremmo-dovreste-dovrebbero

fare: farei-faresti-farebbe-faremmo-fareste-farebbero

porre: porrei-porresti-porrebbe-porremmo-porreste-porrebbero

potere: potrei-potresti-potrebbe-potremmo-potreste-potrebbero

produrre: produrrei-produrresti-produrrebbe-produrremmo-produrreste
-produrrebbero

rimanere: rimarrei-rimarresti-rimarrebbe-rimarremmo-rimarreste
-rimarrebbero

sapere: saprei-sapresti-saprebbe-sapremmo-sapreste-saprebbero

stare: starei-staresti-starebbe-staremmo-stareste-starebbero

tenere: terrei-terresti-terrebbe-terremmo-terreste-terrebbero

vedere: vedrei-vedresti-vedrebbe-vedremmo-vedreste-vedrebbero

venire: verrei-verresti-verrebbe-verremmo-verreste-verrebbero

vivere: vivrei-vivresti-vivrebbe-vivremmo-vivreste-vivrebbero

volere: vorrei-vorresti-vorrebbe-vorremmo-vorreste-vorrebbero

1) Cenerentola cucinava, puliva, lavava e rammendava,
mentre le perfide sorellastre non pensavano che a divertirsi.
Ma la fanciulla non si lamentava mai: Era convinta che, prima
o poi, anche per lei sarebbe arrivata la felicità. Un giorno
giunse un invito da parte del Re: quella notte si sarebbe

tenuto al castello un ballo in onore del Principe, che avrebbe

scelto fra le dame intervenute alla festa, la sua futura sposa.

● non pensavano che a divertirsi 노는 것밖에 생각지 않았다, Prima
o poi 언젠가, 조만간, da parte di~에 의한, tenersi a~에서 거행하다
in onore di~의 명예를 걸고

2) Vorrei essere il raggio di sole che

Ogni giorno ti viene a svegliare per

Farti respirare e farti vivere di me

Vorrei essere la prima stella che

Ogni sera vedi brillare perché

Così i tuoi occhi sanno

Che ti guardo

E che sono sempre con te

Vorrei essere lo specchio che ti parla

E che a ogni tua domanda

Ti risponda che al mondo

Tu sei sempre la più bella

Na na na na na na na na na

(Un brano della canzone intiolata "Favola" di Modà)!

Ⓝ raggio 광선 Ⓥ respirare 호흡하다, brillare 빛나다

3) Non avresti dovuto comportarti così con tuo padre. Non avresti dovuto alzare la voce con lui e non avresti dovuto offenderlo, sarebbe stato meglio dirgli subito la verità e andartene.

● comportarsi con~에게 행동하다, alzare la voce 목소리를 높이다, andarsene 가버리다

4) Un giorno un ragazzo, vedendo un anziano signore lavorare con una pianta e un palo, gli chiese: "Vorresti togliermi una curiosità, brav'uomo? Perché hai legato la tua pianta a questo palo?" Il contadino spiegò che senza un

sostegno il giovane alberello sarebbe cresciuto tutto storto
e sarebbe di certo morto presto. A quelle parole, il giovane
pensò: "Forse bisognerebbe usare lo stesso metodo anche
con gli uomini: sarebbe bene metterli in riga fin da bambini,
solo così potrebbero diventare degli adulti giusti e onesti ."

● vedendo un anziano signore lavorare 한 노인이 일하는 것을 보면서,
mettere in riga 똑바로 세우다, fin da bambini 어릴 때부터

연습 문제

I. 괄호 안의 동사를 조건법 현재 변형하시오.

1) Al tuo posto non mi (tirare) _______ indietro.

2) Lui non ha accettato la mia proposta: tu ci (stare) ______?

3) Tu (Potere) _______ pensare anche ad altre possibilità.

4) E che (essere) _______ questi discorsi? Siete diventati tutti pazzi?

5) Non serve parlargli. Tanto lui non (capire) _______ !

6) Non (essere) _______ meglio discutere con calma?

7) Io (volere) _______ andare a teatro; tu (venire) _______ con me?

8) Al posto tuo io davvero non (sapere) _______ che cosa fare.

9) Tu (dovere) _______ chiederle scusa, non credi?

10) La maggior parte degli incidenti mortali (avvenire) _______ a causa dell'alcol.

II. 괄호 안의 동사를 조건법 과거 변형하시오.

1) Clara (pagare) _______ i suoi debiti in tempo ma non aveva i soldi sufficienti.

2) Giorgio (venire) _______ volentieri alla festa ieri sera ma non lo avete invitato.

3) Noi (volere) _______ comprare la macchina, ma non avevamo abbastanza soldi.

4) Al posto tuo, io (comportarmi) _______ diversamente.

5) Non sono potuti venire alla festa sabato scorso. Peccato! (Divertirsi) _______ e (conoscere) _______ tutti i nostri amici.

6) Io (comprare) _______ una casa in centro, ma non avevo abbastanza soldi.

7) Loro (volere) _______ depositare i loro soldi ieri mattina, ma le banche erano chiuse.

8) Gino (bere) _______ vino per tutta la notte, ma per fortuna la sua fidanzata gliel'ha impedito.

9) Carla (andare) _______ volentieri in Italia, ma non ha potuto.

10) Ragazzi, (dovere) _______ finire il compito, ma non l'avete fatto!

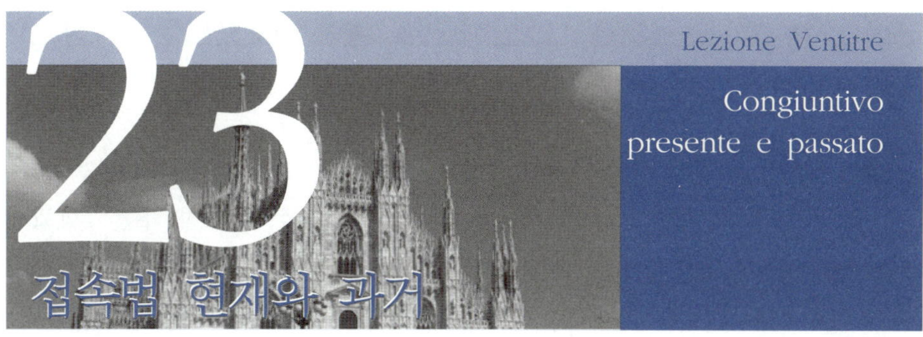

23 접속법 현재와 과거

기초문법

1 접속법 현재 규칙변형

접속법 현재						
	parlare	credere	sentire	capire	avere	essere
io	parl-i	cred-a	sent-a	cap-isca	abbia	sia
tu	parl-i	cred-a	sent-a	cap-isca	abbia	sia
lui/lei/Lei	parl-i	cred-a	sent-a	cap-isca	abbia	sia
noi	parl-iamo	cred-iamo	sent-iamo	cap-iamo	abbiamo	siamo
voi	parl-iate	cred-iate	sent-iate	cap-iate	abbiate	siate
loro	parl-ino	cred-ano	sent-ano	cap-iscano	abbiano	siano

주절과 종속절 모두 현재로 동시제를 표현할 때 사용

2 접속법 과거의 변형

접속법 과거

essere, avere의 접속법 현재+동사의 과거분사
Es. abbia scritto(scrivere); sia partito/a(partire)
    abbiate fatto(fare); siano diventati/e(diventare)

주절이 현재이고 종속절이 과거임을 표현할 때 사용
Es. Penso che Carla abbia finito di lavorare.
    Non siamo sicure che il film sia cominciato.
    Peccato che Stefania sia già partita.
    È il libro più bello che abbia mai letto.

▶ 접속법은 주로 복문에서 사용되는 것으로 종속절 내의 동사에 적용되며 종속절 내 동사가 직설법이어야 하는지, 접속법이어야 하는지에 대한 결정권은 관계대명사 이전의 동사 혹은 표현이 이미 갖고 있다. 따라서 관계대명사 이전의 동사 내지 표현이 종속절 내 동사의 양태가 어떠해야 하는지를 미리 규제하고 있다고 할 수 있다.

예) Spero che il tuo esame sia andato bene.
Ti informo che il tuo esame è andato bene.
Prendo l'autobus che va al Duomo. / *Prendo l'autobus che vada al Duomo.

▶ 접속법은 동사의 양태 및 작용에 관련된 것으로 주절에서 개인적인 의견, 희망, 축하, 의지, 두려움, 불명확성, 의심, 기대, 가정, 가능성 등과 같은 화자의 주관적 심리상태를 나타내는 동사나 특정표현이 등장할 때 종속절에 적용되는 방식이다. 반면 직설법은 객관적인 사실, 확인된 정보, 확실성 등을 표현하는 방식이다. 따라서 직설법과 접속법의 사용을 가르는 가장 근본적인 개념은 객관성과 주관성의 차이라 할 수 있다.

예) Mi dispiace che tu non ti senta bene. (유감)
Penso che lui sia già arrivato. (개인적인 의견)
Spero che tu ti trovi bene qui. (희망)
Mi auguro che passiate una buona giornata. (기원)
Lui vuole che le cose vadano bene. (바램)
Ho paura che lui sia una persona strana. (두려움)
Non sono sicura che tu perda il treno. (불확실성)
Dubito che io possa vincere alla lotteria. (의심)
Aspettiamo che Marco finisca il lavoro. (기대)
Suppungo che lei sia qui per il lavoro. (가정)

➤ 접속법의 사용이 점차 줄어드는 추세에 있다고는 하지만 여전히 문법의 중요한 부분을 차지하고 있으므로 이에 대한 이해는 필수적이다.

➤ 접속법은 다음과 같은 비인칭 표현이나 심리상태 표현 후에 도입되기도 한다.

예) È inutile che voi protestiate continuamente.

Bisogna che voi capiate bene il congiuntivo.

Mi dispiace che non resti con noi.

➤ 접속법의 시제는 현재, 과거, 반과거, 대과거의 네 가지로 구분된다. 이 가운데 과거와 대과거는 복합시제로서 각각 '접속법 현재+과거분사', '접속법 반과거+과거분사'의 형태를 지니지만 현재시제와 반과거시제는 독자적인 변형체계를 지니고 있으므로 그 변형을 암기하여야 한다. essere 동사와 결합하여 복합시제를 이루는 과거분사의 어미는 언제나처럼 주어의 성과 수에 따라 어미가 굴절됨에 유의하여야 한다. 또한 주절과 종속절 사이에 설정되는 시제 관계에도 유의하여야 한다. 시제의 일치에 관해서는 27과에서 자세히 다루기로 하겠다.

예) Penso che lei abbia ragione.

Penso che Maria abbia finito di lavorare.

Penso che Maria sia arrivata al lavoro.

Penso che Maria arrivi (arriverà) domani.

➤ 접속법과 직설법이 혼용되어 사용되는 경우가 있으며 선택적으로 사용되는 경우도 있다.

예) È il ragazzo più simpatico che conosca / conosco.

Prima che tu esca, faremo una festa.

Dopo che ha finito il compito, ha cominciato a leggere il giornale.

[접속법 현재 불규칙변형]

andare: vada-vada-vada-andiamo-andiate-vadano

bere: beva-beva-beva-beviamo-beviate-bevano

cogliere: colga-colga-colga-cogliamo-cogliate-colgano

dare: dia-dia-dia-diamo-diate-diano

dire: dica-dica-dica-diciamo-diciate-dicano

dovere: debba-debba-debba-dobbiamo-dobbiate-debbano

fare: faccia-faccia-faccia-facciamo-facciate-facciano

morire: muoia-muoia-muoia-moriamo-moriate-muoiano

porre: ponga-ponga-ponga-poniamo-poniate-pongano

produrre: produca-produca-produca-produciamo-produciate-producano

riempire: riempia-riempia-riempia-riempiamo-riempiate-riempiano

rimanere: rimanga-rimanga-rimanga-rimaniamo-rimaniate-rimangano

salire: salga-salga-salga-saliamo-saliate-salgano

sapere: sappia-sappia-sappia-sappiamo-sappiate-sappiano

scegliere: scelga-scelga-scelga-scegliamo-scegliate-scelgano

sciogliere: sciolga-sciolga-sciolga-sciogliamo-sciogliate-sciolgano

sedere: sieda-sieda-sieda-sediamo-sediate-siedano

spegnere: spenga-spenga-spenga-spegniamo-spegniate-spengano

stare: stia-stia-stia-stiamo-stiate-stiano

tacere: taccia-taccia-taccia-tacciamo-tacciate-tacciano

tenere: tenga-tenga-tenga-teniamo-teniate-tengano

togliere: tolga-tolga-tolga-togliamo-togliate-tolgano

uscire: esca-esca-esca-usciamo-usciate-escano

venire: venga-venga-venga-veniamo-veniate-vengano

volere: voglia-voglia-voglia-vogliamo-vogliate-vogliano

Oggi il turismo è diventato un vero e proprio fenomeno di massa perciò mai come oggi gli esperti ritengono che sia fondamentale dare dei buoni consigli a questi numerosi "viaggiatori". Prima di tutto bisogna che chi viaggia sia aperto alle novità e alle diversità culturali, climatiche e naturalmente alimentari che incontrerà. Non si può certo pretendere, come a volte accade, che nel deserto si possano trovare gli spaghetti o che nel polo nord si possano mangiare i crauti. È dunque fondamentale che ognuno di noi, prima di partire, sia disposto ad aprirsi al nuovo.

● un vero e prorio 바로 그러한, dare dei consigli 조언하다, prima di tutto, 무엇보다도, essere disposto a~할 용의가 있다

I. 괄호 속 동사를 직설법 혹은 접속법 현재 변형하시오.

1) Spero che la prova (andare) _________ bene domani.

2) Sei sicuro che la storia del Giappone (essere) _________ falsa?

3) Dubito che l'esame (essere) _________ così facile.

4) È ovvio che Anna non (dire) _________ la verità.

5) Sono felice che i ragazzi (venire) _________ alla festa della bambina.

6) Credo che voi (potere) _________ continuarlo.

7) Siamo certi che Maria (potere) _________ superare l'esame.

8) Vedo che il cane (avere) _________ ancora fame.

9) So che il nonno (venire) _________ domani.

10) Sappiamo che Anna (andarsene) _________ di casa stasera.

II. 괄호 안의 동사를 접속법 현재 혹은 과거 형태로 바꾸시오.

1) Credo che tu (fare) _________ bene ieri.

2) Penso che loro (abitare) _________ a Firenze adesso.

3) Credo che Gina (arrivare) _________ domani.

4) Credo che lei(addormentarsi) _________ già.

5) Mi pare che lei(nascere) _________ in Corea.

6) Credo che questa carne (essere) _________ di maiale.

7) Supponiamo che loro (arrabbiarsi) _________ per lo scontro di ieri.

8) Spero che voi (mangiare) _________ bene.

9) Credo che loro non (rendersi) _________ conto della situazione in cui siamo.

10) Può darsi che lui ci (prendere) _________ in giro, è molto strano il suo comportamento.

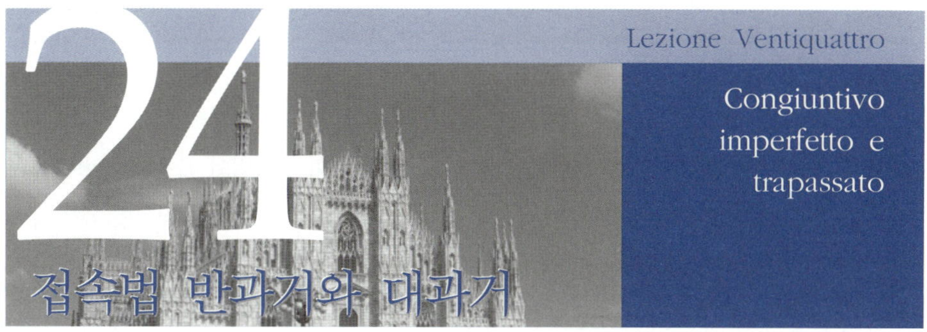

기초문법

 **접속법 반과거의 규칙변형**

접속법 반과거						
	parlare	credere	sentire	capire	avere	essere
io	parl-assi	cred-essi	sent-issi	cap-issi	avessi	fossi
tu	parl-assi	cred-essi	sent-issi	cap-issi	avessi	fossi
lui/lei/Lei	parl-asse	cred-esse	sent-isse	cap-isse	avesse	fosse
noi	parl-assimo	cred-essimo	sent-issimo	cap-issimo	avessimo	fossimo
voi	parl-aste	cred-este	sent-iste	cap-iste	aveste	foste
loro	parl-assero	cred-essero	sent-issero	cap-issero	avessero	fossero

2 접속법 대과거의 변형

접속법 대과거
avere 혹은 essere의 접속법 반과거+동사의 과거분사
Es. avessi scritto(scrivere); fosse partito/a(partire)
　　avessero fatto(fare); fossero diventati/e(diventare)

주절이 과거이고 종속절이 그보다 먼 과거일 때 사용된다.
Es. Pensavo che Carla avesse finito di lavorare.
　　Non eravamo sicure che il film fosse cominciato
　　Era un peccato che Stefania fosse già partita.
　　Era il libro più bello che avessi mai letto.

▶ 접속법 부분에서 가장 유의해야 할 점은 언급했다시피 직설법의 사용과 대비된다
는 개념에서 출발해야 하는데 접속법 반과거와 대과거의 사용이 직설법 과거의
문장들과 어떻게 다른지를 살펴보면서 그러한 차이를 확인하기 바란다.

예) Le abbiamo comunicato che l'esito era stato positivo.

Credevamo che l'esito fosse positivo.

Abbiamo saputo che Luigi era arrivato a Milano.

Non eravamo sicuri che Luigi fosse arrivato a Milano.

Ho saputo che Enzo era a letto con l'influenza.

Avevo paura che Enzo fosse a letto con l'influenza.

▶ 앞 과에서 살펴보았던 접속법 현재 및 과거와 마찬가지로 접속법 반과거 및
대과거 또한 화자의 주관적 판단들을 표현하는 데 쓰이는 용법이기는 마찬가지
인데 주관성을 표현하는 주절의 시제가 과거로 표현될 경우 종속절의 동사들은
접속법 반과거 내지 대과거로 표현되어야 한다.

예) Non sapevo che lui avesse voglia di andare in Italia.

Non mi pareva che tu fossi una persona così intelligente.

Pensavo che Mario avesse vinto la gara.

Non eravamo sicuri che il film fosse già cominciato.

Non immaginavo che loro fossero diventati ricchi.

Pensavo che lui parlasse bene l'italiano.

Pensavo che Maria avesse finito di lavorare.

Pensavo che Maria fosse arrivata al lavoro.

Pensavo che Maria arrivasse (sarebbe arrivata) il giorno dopo.

▶ 전 과에서 언급한 바와 같이 접속법 동사의 출현은 종속절과 관련된 것인데

주절과 종속절의 주어가 일치할 경우에는 굳이 복문을 만들 필요가 없이 단문으로 처리하며 이 경우에는 접속법 동사가 필요치 않다.

예) Io credo che io abbia ragione.(= Io credo di avere ragione)

　　Ero contento che io fossi venuto qui.(= Ero contento di essere venuto qui.)

[주요불규칙 동사의 접속법 반과거 변형]

bere: bevessi-bevessi-bevesse-bevessimo-beveste-bevessero

compiere: compissi-compissi-compisse-compissimo-compiste-compissero

cuocere: cocessi-cocessi-cocesse-cocessimo-coceste-cocessero

dare: dessi-dessi-desse-dessimo-deste-dessero

dire: dicessi-dicessi-dicesse-dicessimo-diceste-dicessero

trarre: traessi-traessi-traesse-traessimo-traeste-traessero

fare: facessi-facessi-facesse-facessimo-faceste-facessero

muovere: movessi-movessi-movesse-movessimo-moveste-movessero

porre: ponessi-ponessi-ponesse-ponessimo-poneste-ponessero

produrre: producessi-producessi-producesse-producessimo-produceste
　　　　　　-producessero

stare: stessi-stessi-stesse-stessimo-steste-stessero

I primi cristiani chiamavano "santo" tutto quello che era per
loro "sacro" o benedetto da Dio. Dopo la fine delle

persecuzioni dei cristiani, si definivano "santi" quelli che erano morti per non rinnegare la loro fede, quindi tutti i martiri. Più tardi si chiamavano "santi" anche quelli che, sebbene non fossero morti come martiri, avevano condotto tutta una vita santa. Dopo morti perciò, non c'era dubbio che fossero andati in Paradiso. Nel medioevo nasce la tradizione dei santi protettori, quei santi in qualche modo "specialisti" per risolvere problemi particolari. Per questo per un mal di gola è opportuno che si preghi San Biagio (morto decapitato nell'anno 316) mentre per il mal di denti è consigliabile che uno si rivolga a Santa Apollonia (morta nell'anno 216, dopo aver subito terribili torture: pare che le abbiano cavato tutti i denti con le tenaglie!) E non è che oggi la tradizione del Santo Protettore sia dimenticata! In macchina può far comodo avere un'immagine di San Cristoforo, protettore degli automobilisti (in vita sembra che Cristoforo fosse un traghettatore), mentre San Lorenzo (morto su una graticola, bruciato sul fuoco) protegge pompieri, cuochi e rosticcieri. Non c'è poi città italiana che non abbia il suo Santo Patrono: i Santi Pietro e Paolo sono i patroni di Roma (e a Roma è festa il 29 giugno), San Gennaro è il Patrono di Napoli (e a Napoli è festa il 19 settembre); che il patrono di Venezia sia San Marco è poi facile da immaginare (festa il 25 aprile). Ma anche paesi piccoli e sconosciuti hanno sempre il loro santo di riferimento e la loro festa in onore del patrono. (Tratto da http://www.scudit.net/mdsanti.htm)

Ⓝ persecuzione 박해, tortura 고문, tenaglia 집게, graticola 석쇠, Patrono 수호성인 **Ⓥ** rinnegare 변절하다, 신앙을 버리다

I. 다음 괄호 안 동사의 올바른 접속법의 형태를 넣으시오.

1) Volevo che tu mi (dire) _______ la verità.

2) Non immaginavo che Luisa (bere) _______ tanto!

3) Non sapevo che voi (studiare) _______ l'italiano.

4) Speravo che voi (aspettare) _______ ancora un po'.

5) Sembrava che il tempo (essere) _______ pessimo.

6) Credevo che lei mi (telefonare) _______ quel giorno.

7) Era possibile che lui (partire) _______ subito.

8) Non sapevo chi (essere) _______ quegli uomini.

9) Speravo che lei (tornare) _______ da me.

10) Poteva darsi che lui in quel momento non (accorgersi) _______ di nulla.

II. 다음 괄호 안 동사의 올바른 접속법 형태를 넣으시오.

1) Temevamo che (tu, capire) _______ male lo scherzo che ti avevamo fatto.

2) Sarebbe stato meglio che le ragazze (non assistere) _______ a quella scena violenta, ma è stato inevitabile.

3) Era un uomo stanco di quel lavoro. Peccato che la vita (non offrirgli) _______ altre opportunità.

4) Ho ripetuto tutta la storia, perché mi pareva che (tu, non capirla) _______ bene.

5) Avrei preferito che (tu, essere) _______ più sincera con me e (tu, dirmi)

_______ la verità.

6) Sarebbe bastato che (voi, avvertirci) _______ quelche giorno prima della

vostra partenza e saremmo stati all'aeroporto.

7) Volevo che (tu, non pensare) _______ quelle brutte cose di me.

8) Anche quest'anno siamo andati in vacanza all'isola di Capri, sebbene

(noi, starci) _______ già l'anno scorso.

9) Credevo che (tu, essere) _______ diverso dagli altri, ma mi sbagliavo!

10) Nessuno capiva chi (essere) _______ quell'uomo e da dove (lui, venire)

_______.

기초문법

앞 과에서 우리는 접속법이 관계대명사 che의 도입과 더불어 출현하는 것을 보았다. 또한 직설법/접속법의 기준이 certezza/incertezza, oggettività/soggettività 임을 확인하였다. 하지만 접속법이 언제나 단순히 che의 출현과 더불어 도입되는 것만은 아니다. 이번 과에서는 특별한 표현과 함께 사용되는 접속법에 대해 살펴보기로 하자.

Chinque telefoni, devi dire che non ci sono.

Luigi è più simpatico di quanto tu creda.

Qualunque cosa tu decida, sono d'accordissimo.

Nonostante abbia mal di denti, voleva studiare di più.

Sebbene sia in ritardo, fa tutto con calma.

Ti darò un regalo, a condizione che superi l'esame.

Chi sia quell'uomo, non mi interessa.

보는 바와 같이 위의 문장들은 관계대명사 che에 이끌려지는 문장들이 아니다. 따라서 이러한 종류의 접속법 사용 문장에 관해 보다 정확히 이해할 필요가 있다.

접속법과 관련있는 접속사 (congiunzioni)의 유형

> CAUSALE원인: perché, siccome, dato che, poiché, non perché (이유를 나타내는 접속사들은 일반적으로 대개 직설법과 함께 사용되지만 부정을 표현하

는 non perché만큼은 접속법과 함께 사용된다.)

예) Non glielo dissi, non perché non mi fidassi di lui, ma perché non volevo dargli un dispiacere.

Ce lo facemmo spiegare perché volevamo prendere degli appunti, non perché non avessimo capito..

> COMPARATIVA비교: 접속법은 점차 직설법으로 대치되는 추세에 있으며 비교 표현의 경우 단순화되어 그 경계가 모호해지고 있다.

È la ragazza più bella che io conosca/conosco.

È più(meno) intelligente di quanto sembri/sembra.

Questo posto è piu(meno) vicino di quanto pensassi/pensavo.

È l'unico che sia venuto/è venuto.

> CONCESSIVA양보: anche se, anche quando, benché, sebbene, nonostante, malgrado, per quanto, quantunque, qualunque, qualsiasi, chiunque, dovunque (이들 중에서 anche se, anche quando만 직설법을 사용하고 나머지는 모두 접속법을 사용한다)

Mi ha riconosciuto, benché non mi vedesse da anni.

Sebbene non gli avessi detto nulla, lui sapeva già tutto.

Stasera andrò al cinema nonostante sia stanco molto.

Per quanto l'avesse cercata dappertutto, non era riuscito a trovarla.

Conosce già molte persone quantunque sia arrivato solo ieri.

Non riusciva a capire, malgrado tutti cercassero di spiegarglielo.

Qualunque cosa dicessi, lui diceva sempre che non andava bene.

Qualsiasi sia la tua opinione, lo farò lo stesso.

Chiunque telefoni, dì che non ci sono.

Dovunque andiate, vi raggiungeremo.

Anche se pioveva a dirotto, uscii lo stesso.

Non mi ha risposto, anche quando gli ho detto che era una cosa importante.

▶ CONDIZIONALE조건: purché, a patto che, a condizione che, qualora, nel caso che, posto che, sempre che, ammesso che, caso mai (항상 접속법 동사를 사용하며 qualora, caso mai, nel caso che, ammesso che 등은 일반적으로 접속법 반과거 혹은 대과거를 동반한다)

Ci andrò, purché mi paghiate le spese di viaggio.

Te lo presto a patto che tu me lo restituisca prima possibile.

Ci vengo, a condizione che qualcuno mi accompagni a casa.

Posto che le cose si mettano male, possiamo sempre trovare una via d'uscita.

Possiamo andarci insieme, sempre che tu abbia ancora voglia di venirci.

Ammesso che sia stato lui, che cosa possiamo fare?

Qualora Lei fosse interessato, possiamo vederci e discuterne.

Caso mai mi cercaste, sono a casa di Luigi fino alle 7.

Nel caso che qualcuno mi telefonasse, diteglie che non ci sono.

▶ CONSECUTIVA연속: 주절과 종속절이 원인/결과의 연속적 의미를 나타낼 경우, in modo che, perché(affinché), far sì che 에는 접속법이 사용되는 반면 così(tanto)...che 구문에서는 직설법이 사용된다.

Dobbiamo fare in modo che queste cose non succedano più.

Bisogna far sì che tutti siano soddisfatti.

Andremo a fare un'escursione, perché i bambini possano divertirsi.

Era così freddo che non si poteva uscire di casa.

Avevo tanta fame che mi sono mangiato tre pizze.

▶ ECCETTUATIVA제외: a meno che, salvo che, eccetto che, tranne che, se non che (모두 접속법을 사용하지만 se non che만큼은 직설법을 사용한다)

Non posso assolutamente venire, a meno che riesca a liberarmi.

Siamo pronti a partire, salvo che non succeda qualcosa di imprevisto.

Sicuramente verrò a Roma, tranne(eccetto) che accada qualcosa d'inaspettato.

È una persona intelligente, se non che ha poca voglia di lavorare.

▶ ESCLUSIVA배제: senza che, non che (언제나 접속법을 동반한다)

Continua a sbagliare senza che nessuno lo corregga.

Non che l'idea sia cattiva, è rischiosa.

Non che abbia lasciato il posto, si e' messo in aspettativa.

▶ FINALE목적: affinché, perché, ché (언제나 접속법을 동반한다)

Mi avvertì in tempo affinché potessi prendere dei provvedimenti.

Te l'ho chiesto perché tu mi dia una risposta soddisfacente.

Ho bisogno di un consiglio, ché mi aiuti ad uscire da questa situazione.

▶ MODALE양상: come se, quasi che, in qualunque/qualsiasi modo che, comunque, come (이 중 come 만은 주절 동사의 속성에 따라 직설법과 접속법 표현이 모두 가능하다)

Mi tratta come se fossi un suo servo.

Mi guardava stranamente, quasi che non mi riconoscesse.

In qualunque/qualsiasi modo che tu faccia, sbaglierai sempre.

Comunque si mettano le cose, preferisco andarmene.

Mi ha spiegato come ha fatto a comprarsi la casa.

Non so proprio come abbia potuto sbagliare strada.

▶ RELATIVA관계절: 다음과 같은 '명사구+관계절' 형태의 문장에서는 접속법 동사가 사용된다.

1) Concessivo양보

Una macchina molto vecchia, che pure sia stata tenuta bene, non è affidabile.

2) Condizionale조건

Le persone che fossero interessate alla nostra proposta, possono scriverci.

3) Esigenza o incertezza nella frase principale필요 혹은 불명확

Cerco una segretaria che parli inglese. (è una mia esigenza)

Cerco una segretaria che parla inglese. (è una caratteristica della segretaria)

Voglio prendere un treno che arrivi a Milano alle 9 di sera. (incertezza)

Ieri ho preso un treno che è arrivato a Milano alle 9 di sera. (evento concreto)

4) Consecutivo연속

상대적 최상급과 'l'unico/il solo/il primo/l'ultimo/niente/nulla/nessuno + che' 구문에서는 직설법과 접속법 사용이 모두 가능하다.

È la persona più stupida che abbia/ho visto.

È il film più bello che abbia/ho visto.

È il ristorante più caro in cui io abbia/ho mangiato.

È l'unico che possa/può capirmi.

Non c'è nulla che possa/può convincermi.

Non c'è nessuno che possa/può darmi un'informazione?

5) Ipotetico가정

Avrei creduto a qualunque cosa che lui mi avesse detto.

Parlava come una persona che fosse molto pratica di queste cose.

6) Locativo: eventualità/possibilità/ipotesi(우연한/가능한/가설의)장소.

Non c'era luogo in cui (dove) non lo conoscessero.

Dovunque/ovunque io vada, io penso sempre a lei.

7) Temporale: possibilità/eventualità/ipotesi(가능한/우연한/가설의)시간

Il giorno in cui mi trovassi solo, sarei disperato.

Nel momento in cui capissi che non c'è nulla da fare, me ne andrei.

▸ sia…sia…~이든 ~이든

Sia che piovesse, sia che splendesse il sole, lui andava sempre in montagna.

▸ TEMPORALE시간표현: mentre, dopo che, prima che, finché, una volta che, quando (prima che는 항상 접속법을 동반하고 quando, finché, una volta che 등은 가능성/가설의 가치를 지닐 때 접속법을 사용한다. 하지만 mentre와 dopo che 는 항상 직설법을 동반한다)

Torniamo a casa prima che piova.

Dovrebbe aspettare qui finché (non) arrivi il direttore.

Mi dissero di aspettare finché (non) arrivasse il direttore.

Una volta che tutto sia stato chiarito, potremo riparlarne.

Quando tu avessi voglia di vedermi, non devi fare altro che telefonarmi.

Mentre mangiavo, sentivo la radio.

Dopo che siamo arrivati, ci siamo messi a tavola.

Chi sia quell'uomo, lo sanno tutti. (Tutti sanno chi è quell'uomo)

Che lei abbia un bel carattere, lo sanno tutti. (Tutti sanno che lei ha un bel carattere)

A: Visto che siamo soli e che abbiamo ancora una mezz'ora di tempo prima che il treno arrivi, perché non andiamo a prenderci un caffè?

B: Sì, buona idea. Che dici di andare in quel bar?

A: Sì, certo, speriamo solo che non ci sia troppa gente. Ascolta, volevo parlarti di Luisa. Tra qualche giorno è il suo compleanno e io pensavo di fare qualcosa per lei.

B: Benissimo! Qualsiasi cosa tu voglia fare, io ti auterò. Credo che abbia qualche problema, è sempre così triste: dobbiamo tirarla su di morale.

A: Sono d' accordo. Non riesco a capire perché ultimamente è così depressa.

B: Mi sembra di aver sentito che suo padre non stia bene.

A: Veramente? Allora perché non si senta sola in questo momento difficile, penso che sia bene organizzarle una festa a sorpresa con tutti i suoi amici più cari.

B: Ottima idea. E per il regalo?

A: Pensavo che potremmo comprarle un computer, purché

anche gli altri siano d'accordo e a patto che tutti siano disposti a spendere un po' di soldi. So che il suo si è rotto qualche giorno fa.

B: Hmm…, non credo che sia una buona idea e non perché pensi che sia un regalo troppo costoso ma semplicemente perché né io né tu capiamo niente di computer e non sapremmo cosa comprare.

A: Non ti preoccupare di questo, lascia che me ne occupi io, ho un amico informatico che mi può dare una mano.

B: Ottimo! Poi c'è un altro problema, quante persone vuoi invitare alla festa? Lo sai che Luisa ha tantissimi amici, dovunque lei vada incontra sempre qualcuno che conosce e anch'io con chiunque parli vengo sempre a sapere che è suo amico. Sembra che conosca tutta la città.

A: Lo so, lo so…mah, guarda l'ora, è tardissimo, presto, corri altrimenti perdiamo il treno!

● visto che~이므로, tra qualche giorno 몇일 후에, tirare su~끌어올리다, 기분을 나아지게 하다, sentirsi solo 외로워하다, una festa a sorpresa 예기치 않은 잔치 preoccuparsi di~ 걱정하다, occuparsene 알아서 처리해 주다다

I. 다음 괄호 안 동사의 적절한 형태를 넣어 문장을 완성하시오.

1) Vengo anch'io benché non ne (avere) _______ molta voglia.

2) Andammo al mare quella domenica, nonostante il tempo (essere) ______ molto incerto.

3) Te lo dico prima che tu lo (venire) ________ a sapere da altri.

4) La cosa più utile che tutti noi (potere) ________ fare è stare calmi.

5) È strano che tutto questo (avvenire) ______.

6) Sia che (piovere) _______, sia che (splendere) ______ il sole, lui andava sempre al mare.

7) È un sistema meno adeguato di quanto (sembrare) _______.

8) Sebbene (stare) _____ male, continua a studiare.

9) Guardava la tv nonostante io (parlare) ______ con lui.

10) Ovunque tu (andare) _______, io ti raggiungerò.

II. 밑줄 친 곳에 적절한 동사의 형태를 넣어 문장을 완성하시오.

1) Penso che in questa situazione (tu, non avere) ________ un'alternativa.

2) È giusto che la giuria (premiare) _________ quel film.

3) Speravo che il tuo esame (andare) ________ benissimo.

4) Mi pare che Gino (stare) ________ meglio in questi ultimi mesi.

5) Bisognava che (tu, darmi) _______ un po' di soldi.

6) Il mio cane mi segue sempre ovunque io (andare) ________.

7) È necessario che lei (superare) ________. l'esame se vuole andare in Italia.

8) Anche se non mi (invitare) ______ a cena, andai lo stesso.

9) Ho capito tutto, benché nessuno mi (dire) _____ nulla.

10) Dato che (avere) ______ molta fame, ho mangiato due pizze.

기초문법

가정문은 일반적으로 se로 시작되는 조건문과 그에 따른 귀결문으로 구성되며, 세 가지 종류의 가정문으로 분류된다.

1 현실의 가정문

> 현실의 가정문 Periodo ipotetico della realtà: "CERTAMENTE"

Se posso, ti aiuto. (직설법 현재 + 직설법 현재)
Se potrò, ti aiuterò (직설법 미래 + 직설법 미래)

2 가능성의 가정문

> 가능성의 가정문 Periodo ipotetico della possibilità: "PROBABILMENTE"

Se potessi, ti aiuterei
(se + 접속법 반과거 + 조건법 현재)

3 비현실의 가정문

> 비현실의 가정문 Periodo ipotetico dell'irrealtà: "PURTROPPO"

Se avessi potuto, ti avrei aiutato (se + 접속법 대과거 + 조건법 과거)

se potevo, ti aiutavo (se + 직설법 반과거 + 직설법 반과거)

이탈리아어의 가정문은 위의 세 가지 형태 외에도 다음과 같이 여러 패턴으로 혼합된 가정문이 가능하다.

4 특별한 형태의 가정문

특별한 형태의 가정문 Periodi ipotetici particolari	
se+직설법 현재 +직접명령	Se vedi Claudia, salutala! (Se vedi Claudia, ti prego di salutarla!)
단순제룬디오 + 조건법 현재	Volendo, potresti uscire. (Se vuoi, potresti uscire.)
접속법 반과거 (단독)	Ah! Se fossi più ricco! (Se fossi più ricco, parte ellittica facile da capire)
접속법 대과거 (단독)	Ah! Se mi fossi sposato con lei! (Se mi fossi sposato con lei, parte ellittica facile da capire)
조건법 현재 (단독)	Tu la faresti una cosa simile? (Se tu fossi al mio posto, faresti una cosa simile?)
조건법 과거 (단독)	Tu l'avresti fatto una cosa simile? (Se tu fossi stato al mio posto, avresti fatto una cosa simile?)

▶ 현실적인 가정은 'se+직설법 현재+직설법 현재', 'se+직설법 미래+직설법 미래'의 구성을 지닌다. 현실적인 가정은 가정절이 실제 실현 가능한 표현이어서 귀결절이 분명히 일어날 내용을 표현한다. 하지만 가정절과 귀결절의 시제가 반드시 일치하지 않는 경우도 가능하다..

예) Se posso, ti aiuto.

   Se potrò, ti aiuterò.

Se posso, ti aiuterò.

▶ 실현 가능한 가정은 'se+접속법 반과거+조건법 현재'의 구성을 지닌다. 이 구성에서는 가정한 내용이 현재나 미래에 일어날 가능성이 있음을 표현한다. 이 공식을 통해 확실치는 않지만 할 수만 있다면 할 것이고 또 그렇게 하고 싶다는 내용을 담고 있다.

예) Se potessi, allora io ti aiuterei.(con grande piacere)
Se avessi molti soldi, comprerei la Mercedes.

▶ 실현 불가능한 가정은 과거에 실현하지 못한 가정으로서 'se+접속법 대과거+조건법 과거' 혹은 'se+직설법 반과거+직설법 반과거'의 구성을 지닌다.

예) Se avessi potuto, ti avrei aiutato. (= Se nel passato io avessi potuto, certamente ti avrei aiutato, ma purtroppo non ho potuto e dunque non ti ho aiutato.)
Se potevo, ti aiutavo.(= Se nel passato io potevo, certamente ti aiutavo, ma purtroppo non ho potuto e dunque non ti ho aiutato.)
Se ieri avessi potuto, sarei venuta. (= Se ieri avessi potuto, sarei venuta, ma non ho potuto assolutamente e quindi non sono venuta.)

▶ 모든 경우의 가정문에서 가정절과 귀결절의 어순을 도치할 수 있으며 도치된다 하더라도 의미의 변화는 없다.

예) Se posso, ti aiuto. → Ti aiuto, se posso.
Se potevo, ti aiutavo. → Ti aiutavo, se potevo.

▶ 가정문이 언제나 'se'에 의해서 구성되는 것은 아니며 다음과 같은 표현으로도 가능하다.

예) Nel caso in cui telefonasse qualcuno, devi dire che sono a Busan.

Nel caso che Lei volesse iscriversi alla nostra scuola, sarebbe meglio che ce ne desse comunicazione scritta due settimane prima.

Qualora non Le rispondessero in tempo, Lei potrà fare reclamo.

Qualora aveste bisogno di me, chiamatemi al telefono.

Caso mai voi preferiste non venire, è meglio che ne diate subito comunicazione.

Caso mai Lei non riuscisse a trovare l'indirizzo, potrà rivolgersi di nuovo al nostro ufficio.

▶ 세 가지 유형의 가정문은 상황에 따라 혼합하여 사용할 수 있다. 예를 들어, 'se+접속법 대과거+조건법 현재' 혹은 'se+접속법 반과거+조건법 과거' 등과 같이 여러 패턴으로 혼합할 수 있다.

예) Se tu fossi una persona più gentile, non ti saresti comportato così.

Se tu avessi studiato molto, oggi parleresti bene l'italiano.

어휘 플러스

[조건법의 사용 정리]

1) 조건법 현재: 현재나 미래의 희망, 의견, 초대, 친절, 가정 등을 표현할 때 사용된다.

Vorrei andare in Italia (희망)

Sarebbe meglio non farlo. (의견)

Verresti con me al cinema stasera? (초대)

Potreste aiutarmi un po'? (친절)

Sarebbe una tazza. (가정)

▶ 조건법 현재는 접속법 현재 동사로 대치 가능하다.

예) Credi che possa (=potrebbe) aiutarmi?

2) 조건법 과거: 과거의 희망, 의견, 가정, 안타까움 등을 표현할 때 사용된다.
Sarei voluto andare in Italia (희망)
Sarebbe stato meglio non farlo. (의견)
L'avrebbe fatto volentieri. (가정)
Avresti dovuto studiare di più! (안타까움)

▶ 조건법 과거는 주절의 과거동사의 '과거 속 미래'를 표현한다.
Credevo che mi avresti aiutato.

해석

1) Pensaci bene, figlio mio, prima di sposarti! Sei proprio sicuro di volerlo fare? In fondo la conosci poco questa···come si chiama? Ah sì, Federica. E se non ti amasse veramente, se ti sposasse solo per interesse, tu cosa faresti? E poi se te ne vai di casa chi cucinerà per te, chi ti preparerà le lasagne al ragù che ti piacciono tanto, chi ti laverà e stirerà i vestiti? Ascolta la tua mamma! Se andrai a vivere con lei sono sicura che lei ti farà lavorare: ti farà pulire i pavimenti, lavare i piatti, fare la spesa e chissà quante altre cose. Credimi, se fossi al tuo posto, io resterei qui, nella tua casa dove la tua mamma ti vuole tanto bene e ti tratta come un principe! E ricordati, che di mamma, ce n'è una sola!

● in fondo 근본적으로, 기저에, per interesse 이득 때문에, fare la spesa 장을 보다, se fossi al tuo posto 내가 너라면, volere bene 좋아하다, 사랑하다

2) Carla in quel periodo stava preparando il suo ultimo esame. Era molto difficile ma se voleva laurearsi doveva superarlo per forza. Aveva studiato parecchio ma si era completamente dimenticata di ripassare alcuni argomenti. Se il professore le avesse fatto qualche domanda riguardante proprio quelli, lei non avrebbe saputo che cosa dire. Se invece avesse avuto fortuna e avesse superato l' esame, tutto sarebbe andato bene: avrebbe avuto il tempo di finire la tesi di laurea e si sarebbe potuta laureare di lì a un mese. Se invece non avesse superato l' esame, avrebbe dovuto rimandare tutto di un anno!

● per forza 억지로, 있는 힘을 다해, riguardante ~에 관한

괄호 안의 동사를 사용하여 가능한 형태의 가정문을 완성하시오.

1) Se stasera tu (venire) ______ a cena a casa mia, tu (incontrare) _______ Silvia e Enzo.

2) Francesca (comportarsi) ______ sempre in quel modo se lei (innamorarsi) ______ di qualcuno.

3) Se Laura non (arrivare) ________ in tempo, noi (perdere) ________ l'inizio del film.

4) Caso mai voi (incontrare) _________ Maria stasera, salutatela da parte mia!

5) Se tu (passare) _________ di qui più tardi, forse (trovarmi) _________.

6) Se io avessi potuto aiutarti, lo (fare) __________.

7) Se volevi dirmi di no, (potere) _________ farlo senza problemi.

8) Se tu parlassi di meno, le nostre orecchie (potere) _______ riposarsi

un po'.

9) Se credi di spaventarmi, ti (sbagliare) __________ di grosso!

10) Lui (vivere) __________ più a lungo, se avesse smesso di bere

11) Io non ci (credere) __________ nemmeno se lo sentissi con le mie

orecchie!

12) Se lui (comprare) __________ quella giacca avrebbe speso più di mille

Euro

13) Se quel giocatore (segnare) __________ un gol potremmo vincere il

mondiale.

14) Non verrò alla festa perché domani lavoro. Ma se (potere) __________

ci vengo.

15) Non sarei arrivato tardi se (avere) __________ l'orologio!

16) Qualora l'indirizzo non (essere) __________ corretto, La preghiamo di

scusarci

17) Nel caso che tu non (capire) __________, ecco una fotocopia del

discorso che ho fatto.

18) Il documento non è valido qualora la firma (risultare) __________ essere

illeggibile.

19) Se mai lo (incontrare) __________, non lo avrei nemmeno salutato

20) Qualora lui (decidere) __________ di lavorare con noi, spiegagli che

cosa deve fare.

27 시제의 일치

 **기초문법**

시제의 일치는 주절과 종속절 사이에 설정되는 시간 관계를 표현하는 것으로 주절에
비해 종속절이 갖는 시간상의 전후관계 혹은 동시성 관계를 나타낸다. 이번 과에서는
직설법 문장에서의 시제의 일치, 접속법 문장에서의 시제의 일치, 조건법 문장에서의
시제의 일치가 각기 어떻게 이루어져야 하는지를 살펴보기로 하자.

1 직설법 시제의 일치

주절	종속절		
	contemporaneità	anteriorità	posteriorità
So che Silvia (presente)	studia sta studiando	ha studiato studiava studiò aveva studiato	studierà studia
Sapevo/Ho saputo/Seppi/Avevo saputo che Silvia (passato)	studiava stava studiando	ha studiato studiò aveva studiato	avrebbe studiato studiava
Saprò se Silvia (futuro)	studierà studia	avrà studiato ha studiato studiava studiò aveva studiato	studierà

2 접속법 시제의 일치

주절	종속절		
	contemporaneità	anteriorità	posteriorità
Non so se Silvia (presente)	**studi** stia studiando	**abbia studiato** studiasse avesse studiato	studi **studierà**
Non sapevo/Non ho saputo/Non seppi/Non avevo saputo che Silvia (passato)	**studiasse** stesse studiando	avesse studiato	avrebbe studiato
Non saprò se Silvia (futuro)	**studi** studierà	**studi** studierà	studi **studierà**

3 조건법 시제의 일치

조건법 현재는 단문에서 현재 혹은 미래 속의 희망, 의견, 초대, 예의, 가정 등을 표현하는 데 쓰이는 것으로서 복문에서 접속법 현재를 대치할 수 있다.

예) Ora prenderei un caffè

Credo che possa aiutarmi. (= Credo che potrebbe aiutarmi.)

조건법 과거는 단문에서 과거 속의 희망, 의견, 가정, 초대 등을 표현하는 데 쓰이는 것으로서 복문에서는 "과거 속의 미래"를 표현하는 데 쓰인다.

예) Ieri sarei andata volentieri da te, ma non ho potuto.

Credevo che mi avresti aiutato.

Ero sicura che mi avresti aiutato.

[직설법과 접속법 시제의 일치 정리]

1) 직설법 동사

Luisa <u>sa</u> che	tu **sei stato/eri** in chiesa ieri.	선행
	tu **sei** in chiesa oggi.	동시
	tu **sarai** in chiesa domani.	후행
Luisa <u>sapeva(ha saputo)</u> che	tu **eri stato** in chiesa il giorno prima.	선행
	tu **sei stato/eri** in chiesa quel giorno.	동시
	tu **saresti stato** in chiesa il giorno dopo.	후행

2) 접속법 동사

<u>Credo</u> che	tu **sia stato** in chiesa ieri.	선행
	tu **sia** in chiesa oggi.	동시
	tu **sarai** in chiesa domani.	후행
<u>Ho creduto (Credevo)</u> che	tu **fossi stato** in chiesa il giorno prima.	선행
	tu **fossi** in chiesa quel giorno.	동시
	tu **saresti stato** in chiesa il giorno dopo.	후행

Franca: Ciao Lucia, come stai?

Lucia: Bene. Perché non sei venuta ieri sera a teatro? Non sapevi che ci sarebbe stata la prima dello spettacolo di Silvia? Silvia mi ha detto che aveva mandato l' invito a tutti, pensavo che venissi! Non dirmi che te ne sei dimenticata!

Franca: No, non me ne sono dimenticata. Sai che ci tenevo tantissimo a venire e poi avevo promesso a Silvia che ci sarei stata, ma purtroppo ieri pomeriggio mentre tornavo a casa ho fatto un incidente con la macchina. Io, per fortuna, non mi sono fatta niente ma la macchina è distrutta. Comunque, raccontami, immagino che lo spettacolo sia andato benissimo e che Silvia abbia recitato divinamente, vero?

Lucia: Certo. È stata bravissima, sembrava che avesse dimenticato chi fosse tanto si era immedesimata nel ruolo che interpretava.

Franca: è un peccato che io non sia potuta venire! Mi sono persa un grande spettacolo... E non solo quello... Susanna mi ha detto che insieme a Silvia e a tutti gli altri attori siete andati a cena fuori. Mi ha anche raccontato che uno degli attori era particolarmente affascinante.

Lucia: Beh! Sì! Si chiama Giorgio. Durante la cena abbiamo parlato molto. Mi ha detto che ha vissuto per molti anni

a Londra e che da poco è tornato in Italia, poi, però,
ha anche aggiunto che molto probabilmente tra un
mese partirà di nuovo, questa volta per Parigi dove
resterà per tre mesi circa.

Franca: Hmm che peccato! Senti ma alla cena c' era anche
Rosa?

Lucia: Beh! C' era allo spettacolo e prima che andassimo a
cena mi aveva detto che ci avrebbe raggiunta più tardi
ma poi non si è fatta vedere. Stamattina l' ho chiamata
e mi ha detto che quando è arrivata al ristorante era
molto tardi ed eravamo già andati via tutti.

Franca: E Luigi c' era?

Lucia: Sì, ma ricordo che stava male e che per questo se n' è
andato via presto. Credo avesse un gran mal di testa,
niente di grave comunque. Ah, poi non sai la novità?

Franca: Quale novità?

Lucia: è tornato Gianni, anche lui c' era ieri sera.

Franca: Davvero! Sapevo che era ritornato in città, ma mi
avevano detto che era ripartito subito e che non sarebbe
ritornato prima di Pasqua. Peccato, mi avrebbe fatto
piacere rivederlo!

Lucia: mi ha detto che ora sta cercando un lavoro qui, se lo
troverà, non partirà più. Ha detto che in America non
vuole più tornare, che ha avuto già dei colloqui
interessanti e che spera che gli rispondano
positivamente.

● dimenticarsene 잊어버리다, per fortuna 다행히, interpretare 연기하다, di nuovo 다시, farsi vedere 나타나다

I. 시제의 일치를 생각하면서 다음 동사의 적절한 형태들을 넣으시오.

1) Mio marito dice che prima o poi (lui, smettere) ＿＿＿ di fumare.

2) Ti telefono per dirti che (io, arrivare) ＿＿＿ domani.

3) La tv ha detto che domani (piovere) ＿＿＿ su tutta la penisola.

4) I giudici (dichiarare) ＿＿＿ colpevole l'imputato e (condannarlo) ＿＿＿ a 10 anni di prigione.

5) Sin da piccola mia sorella diceva che lei (diventare) ＿＿＿ un'attrice.

6) Avevi ragione a dire che (lei, essere) ＿＿＿ stupida!

7) Il film che (noi, vedere) ＿＿＿ ieri (piacermi) ＿＿＿ anche se (io, non capire) ＿＿＿ tutti i dialoghi.

8) Sono certo che in quell'occasione (tu, avere) ＿＿＿ ragione.

9) perché non mi dici chiaramente che non (tu, volere) ＿＿＿ sposarmi?

10) Daniele dice che sabato prossimo (lui, andare) ＿＿＿ in montagna.

II. 시제의 일치를 생각하면서 다음 동사의 적절한 형태들을 넣으시오.

1) Ho detto che (volere) ＿＿＿ andare via.

2) Dice che dopo (venire) ＿＿＿ anche lui.

3) Ero sicuro che tu mi (aiutare) ＿＿＿.

4) Sono felice che loro (accettare) ＿＿＿ la mia proposta.

5) Non ero sicuro che lui (tornare) ＿＿＿ in Corea.

6) Ha detto che lei (tornare) ＿＿＿ presto, ma non si è fatta più vedere.

7) Avevo paura che lei (andare) ＿＿＿ via.

8) Non pensavo che l'esame (essere) ＿＿＿ così difficile.

9) Vorrei che voi mi (dire) ＿＿＿ tutto dettagliatamente.

10) Desideravo che lui (sapere) ＿＿＿ tutto.

28 수동태

기초문법

수동태는 논리적 주어인 행위주가 보어처럼 표현되는 구문의 형태를 이른다. 예를 들어 "Il tetto è stato colpito dal fulmine" 의 문장에서 의미적 행동주는 "il tetto" 가 아니라 "il fulmine" 이다. 그러나 수동태의 주어는 "il tetto", 보어는 전치사에 의해 지배되는 "il fulmine" 이다.

Il fulmine ha colpito il tetto.
Il tetto è stato colpito dal fulmine.

 수동문의 형태

수동문은 타동사가 개입된 능동문에서 도출된다. 능동문의 목적어가 수동문의 주어가 되기 때문이다. 다음은 시제와 수동문의 도출 규칙 관계이다.

1) 단순시제

현재   Mario legge il giornale.

    Il giornale è/viene letto da Mario.

미래   Mario leggerà il giornale.

Il giornale sarà/verrà letto da Mario.

반과거   Mario leggeva il giornale.

Il giornale era/veniva letto da Mario.

원과거   Mario lesse il giornale.

Il giornale fu/venne letto da Mario.

조건법 현재   Mario leggerebbe il giornale.

Il giornale sarebbe/verrebbe letto da Mario.

접속법 현재   … che Mario legga il giornale.

… che il giornale sia/venga letto da Mario.

접속법 반과거   … che Mario leggesse il giornale.

… che il giornale fosse/venisse letto da Mario.

2) 복합시제

근과거   Mario ha letto il giornale.

Il giornale è stato letto da Mario.

대과거   Mario aveva letto il giornale.

Il giornale era stato letto da Mario.

선립미래   Mario avrà letto il giornale.

Il giornale sarà stato letto da Mario.

조건법 과거　　　Mario avrebbe letto il giornale.

Il giornale sarebbe stato letto da Mario.

접속법 과거　　　… che Mario abbia letto il giornale.

… che il giornale sia stato letto da Mario.

접속법 대과거　　… che Mario avesse letto il giornale.

… che il giornale fosse stato letto da Mario.

▶ 수동태는 주어보다 목적어를 강조하고자 할 때 사용되는 인간언어의 한 특징이다. 어떤 문장이 수동문인지 아닌지 어떻게 파악할 수 있을까? 타동사라면 능동문에서 avere동사와 결합하는 과거분사의 형태를 보여야 하지만 essere동사와 결합하고 있다면 수동문이란 증거이다.

예) Il ministro è stato colpito in faccia da un uovo.

▶ 단순시제에서는 essere +p. p. 혹은 venire + p. p.의 형태가 모두 가능한 반면 복합시제에서는 essere + p. p.만이 가능하다.

▶ 단순시제이든 복합시제이든 과거분사의 형태는 주어의 성과 수에 따라 일치된 어미를 가져야 한다.

▶ 선립과거의 형태는 수동태로 쓰이지 않는다.

▶ 전치사에 이끌리는 행위주 보어가 명백하거나 정확히 할 필요가 없는 경우 생략된다.

예) La borsetta è stata derubata.

➤ 조동사 potere가 개입된 수동태형은 조동사 다음 원형을 놓는다.

예) Non posso mangiare le uova.
Le uova non possono essere mangiate da me.

➤ 조동사 dovere가 개입된 수동태형은 조동사 다음 원형을 놓으며 essere 대신 andare로 대치될 수 있다.

예) Tutti noi dobbiamo rispettare gli anziani.
Gli anziani devono essere rispettati da tutti noi.
Gli anziani vanno rispettati da tutti noi.

➤ 조동사 volere가 개입된 수동태는 거의 사용되지 않는다.

➤ 보통 복합시제의 수동태에서는 essere만이 사용되지만 dimenticare, distrug -gere, smarrire 같은 동사의 경우에는 andare로 대치될 수 있다.

예) Tutti i documenti sono stati smarriti.
Tutti i documenti sono andati smarriti.

➤ 'si+타동사 3인칭'의 형태로 수동문을 만들기도 한다.

예) Questo libro si legge volentieri.
In piazza si vedono molte persone.

어휘 플러스

1) essere +p. p.: 단순시제 및 복합시제(선립과거 제외) 모두 가능
Quel signore è rispettato dai suoi amici.

Ieri la nostra squadra è stata battuta dalla vostra.

Tutti i prigionieri furono fucilati dai nemici vincitori.

Penso che Maria sia amata da tutte le sue amiche.

Se tu avessi studiato di più, saresti stato lodato dal professore.

▶ 'essere+p.p.'의 경우 '동작수동'이나 '상태수동'으로 쓰일 수 있다. 부가어가 없을 경우 해석적 중의성이 야기될 수 있으며 부가어의 선택에 따른 문법성의 차이를 보인다.

예) La finestra è chiusa (da Mario/violentemente)

   I biscotti sono cotti velocemente.

   ?I biscotti sono cotti da Mario. (상태)

   Maria è baciata da Mario.

   ??Maria è baciata da un'ora. (동작)

2) venire + p. p. : "essere +p. p."를 대치한 형태로 그 능동문의 형태가 단순시제일때만 가능하다.

La finestra è chiusa.

La finestra viene chiusa (da Mario/violentemente).

I tuoi figli sono lodati dalla maestra.

I tuoi figli vengono lodati dalla maestra.

Anna era amata molto da Mario.

Anna veniva amata molto da Mario.

3) andare + p. p. : 필요성을 나타내거나 시간적 사건의 상적 변화를 의미하기 위해 사용되며 행위주 보어가 문장 내에 명시되지 않는다. distruggere, disper -dere, spendere, sprecare, versare, smarrire와 같은 동작동사류(항상 3인칭

복수의 형태로 쓰임)와 함께 쓰인다.

La finestra va chiusa.

*La finestra va chiusa da Mario.

Molti documenti sono andati perduti durante la guerra.

Temo che le mie valigie vadano smarrite durante il viaggio. (= siano smarrite)

Le usanze di ogni popolo vanno rispettate. (= devono essere rispettate)

I bambini vanno educati severamente. (= devono essere educati)

4) "si + 3인칭 타동사" 의 수동

Le pecore si tosano(= sono tosate) in primavera.

Una cosa simile non s'è mai vista(= non è stata mai vista).

Questo libro si legge volentieri.

In piazza si vedono molte persone.

L' amico si riconosce nel bisogno.

1) Il parmigiano reggiano

Il parmigiano reggiano si produce in Emilia Romagna ed è definito "il re dei formaggi". Viene prodotto con latte di prima qualità. Può essere utilizzato come ingrediente o come condimento per la preparazione di alcuni piatti tradizionali, o come secondo; è l' ideale per uno spuntino. È nutriente e digeribile, per questo è consigliato a bambini e ad anziani.

Va conservato in luogo fresco e asciutto oppure va tenuto

nella zona meno fredda del frigorifero.

● si produce 생산되다, di prima qualità 최고 품질의, per questo 이러한 이유로

2) In commissariato

Un giorno Lucia cammina tranquilla per strada quando all' improvviso viene aggredita da un ragazzo che la getta a terra, le prende la borsa e scappa via. Lucia è a terra. Nel tentativo di difendere la borsa è stata colpita al volto ed ora sanguina. Un passante l' aiuta e la vuole portare in ospedale ma Lucia vuole prima andare alla polizia.

Ispettore : Buongiorno signora, che cosa le è successo! La prego, si accomodi!

Lucia : Buongiorno! Mentre tornavo a casa sono stata derubata della mia borsa e sono stata colpita al volto.

Ispettore: Dove è avvenuto il fatto? In via Roma?

Lucia: Sì.

Ispettore: Guardi, è stato appena arrestato un ragazzo da quelle
    parti. Nel luogo dell' arresto è stata anche ritrovata una
    borsa, potrebbe essere la sua. Aspetti, Le mostro una
    foto del ragazzo.

Lucia: Sì, è proprio lui. E ora cosa devo fare per riavere la
    mia borsa?

Ispettore: È molto semplice, signora: va fatta la denuncia e va
    scritto un verbale.

Lucia: Grazie mille, ispettore!

● da quelle parti 그 지역에서

연습 문제

I. 다음 문장 중 능동태 문장은 수동태 문장으로 수동태 문장은 능동태 문장으로 바꾸시오.

1) Il fulmine ha colpito il tetto della nostra casa.

____

2) Domenica scorsa il babbo mi rimproverò per la mia pigrizia.

____

3) Tutti sanno da chi fu ucciso Cesare.

____

4) La Divina Commedia è stata scritta da Dante.

____

5) Gli alunni furono interrogati dal professore.

____

6) Le messi sono danneggiate dalla grandine.

____

7) I muratori costruivano un nuovo palazzo.

____

8) Il pastore custodisce il gregge.

____

9) Il padre castiga Luigi perché non vuole obbedire al maestro.

____

10) La polizia ha arrestato i ladri.

____

II. 적절한 수동태의 형태를 넣으시오.

1) Non sapevo che Mario (assumere) ________.

2) Non immaginavo che Mario (licenziare) ______ già.

3) Ho paura che lui (bocciare) ________ all'esame.

4) Tutte le carte (disperdere) ________ dal vento.

5) Non credevo che il film (premiare) ________ dalla giuria.

6) Il nuovo romanzo (pubblicare) ______ questo mese.

7) Tutto il lavoro (dovere finire) ________ entro questa settimana.

8) In futuro, lei (ricordare) ______ da tutti come un modello da seguire.

9) il parmigiano reggiano (produrre) ________ in Emilia Romagna.

10) Il vino (conservare) ________ in un luogo fresco e asciutto.

 **기초문법**

문장의 주어를 명시하지 않는 통사구조를 "비인칭" 이라 한다. 주어를 명시하지 않고 "그 누구라도" (una persona qualsiasi)로 표현하는 방식에는 여러 가지가 있다.

1 비인칭으로 표현하는 여러 방식

1) 불특정의 '그들' (=사람들)로 표현하는 방식

예) Dicono che ci sarà sciopero dei treni domani.

2) '우리' (=인간, 사람들)로 표현하는 방식

예) Parliamo spesso di cose che non conosciamo.

3) '너' (=그 누구라도)로 표현하는 방식

예) Tu entri e vedi subito che non è fatta a misura d'uomo.

4) '누군가' (=어떤 사람)로 표현하는 방식

예) Quando uno è libero, è felice.

5) 'si +3인칭 단수동사' 로 일반화하는 방식

예) In questo ristorante si mangia bene.

2 비인칭의 SI

1) 단순시제의 경우 'si + 3인칭 단수형' 으로 일반화할 수 있다.

예) Si va in treno.

　　Non si potrà fumare qui.

　　Si mangiava alla mensa.

　　Si partì per il viaggio.

　　Si potrebbe fumare fuori.

　　… che si abbia pazienza

　　… che si bevesse troppo.

2) 복합시제(근과거)에서의 조동사 선택에 따라 비인칭의 형태는 차이를 보인다.

예) Si è mangiato bene ieri sera. (타동사)

　　Quando si è dormito abbastanza, ci si sente riposati.

　　(복합시제에서 avere를 취하는 자동사)

　　Si è partiti/e ieri sera. (자동사)

3) 'si è + 형용사' 에서 형용사의 어미는 언제나 -i/-e의 형태를 지닌다.

예) Si è liberi/Si è soli/Si è incinte

　　Quando si è liberi, si è felici. (=Uno è felice, quando è libero.)

　　Quando si è soli/e, si è tristi.

4) 재귀동사의 비인칭화는 다음과 같이 만들어진다.

예) Quando ci si lamenta si è noiosi.

Ci si è accorti/e dell'errore.

5) 수동태에서의 비인칭

예) Quando si è amati, si è felici. (=quando uno è amato, è felice.)

6) 수동의 비인칭 si와 순수 비인칭 si

수동의 주어 (soggetto passivo) 유무에 따라 수동의 비인칭 si 와 순수 비인칭 si 로 구분된다.

예) Non si beve <u>la birra</u> in questo locale. <u>맥주는</u> 마시지 않는다. (수동의 주어 유)

　　 Non si beve <u>ø</u> in questo locale. <u>아무것도</u> 마시지 않는다. (수동의 주어 무).

7) "si-passivo" 는 주어와 일치되어야 한다.

예) Si mangia <u>la pizza</u>.　　　　 Si mangiano <u>le pizze</u>.

　　 Si è mangiata <u>la pizza</u>.　　 Si sono mangiate <u>le pizze</u>.

8) 비인칭 구문에서 대명사는 'si' 앞에 놓인다.

예) Gli si darà domani.

　　 La si è comprata tre mesi fa.

　　 Una pioggia così, non la si era vista da anni.

어휘 플러스

[기타 비인칭 동사]

1) 기상관련 어휘

albeggiare(날이 밝다, 동이 트다), annottare(어두워지다), balenare(밝아지다, 빛이 나다, 번쩍이다), brinare(서리가 내리다), diluviare(홍수가 나다, 범람하다),

fioccare(눈이 쏟아지다), grandinare(우박이 내리다), lampeggiare(번개가 번쩍이다), nevicare(눈이 내리다), piovere(비가 오다), tuonare(천둥치다), fare(날씨), tirare(바람 불다) 등.

예) Oggi piove molto.

Tuonò per tutto il pomeriggio.

Grandina da due ore.

Fa caldo/freddo.

Tira vento.

2) 3인칭 단수만 쓰는 주요 표현들

Bisogna correre.

Non conviene aspettare più.

Capita a tutti di arrivare in ritardo qualche volta.

In certi casi è giusto disobbedire.

È un peccato non approfittarne.

Sembra che tutto sia già finito.

Sembra che non sia vero niente.

Sarà meglio che ci ripensi.

Mi sembra che tu abbia sbagliato.

Bisogna che tu studi di più, se vuoi essere promosso.

È necessario partire subito.

È meglio che tu gli dia un aiuto per terminare quel lavoro.

Non è facile impadronirsi di una lingua straniera.

Si dice che la prima colazione sia il pasto più importante della giornata ma in Italia non è così. Se si resta a casa in genere si beve una tazza di caffè o di latte e si mangiano alcuni biscotti mentre al bar a volte si prende un cappuccino e un cornetto o più spesso si beve in fretta un espresso. Insomma in Italia la colazione è il pasto più trascurato della giornata, lo si considera poco importante.

Dagli ultimi studi medici compiuti si è constatato che una prima colazione sostanziosa consumata con calma e lentamente, ha degli effetti positivi sia dal punto di vista della salute fisica che psicologica. Cambiare le abitudini degli italiani è assai difficile ma si spera che prima o poi questo succeda.

● in genere 일반적으로, in fretta 서둘러, con calma 차분히, dal punto di vista~의 관점에서

연습 문제

보기와 같이 비인칭 구문으로 바꾸시오.

보기) Su questo letto <u>uno</u> dorme bene.

   → Su questo letto <u>si</u> dorme bene.

1) In questa casa uno vive bene, perché la zona è tranquilla.

   ____

2) In Italia uno pranza di solito all' una e mezza.

   ____

3) Uno mangia bene in quella pizzeria.

   ____

보기) Uno è solo quando è vecchio.

   → Si è soli quando si è vecchi.

4) Uno è curioso di sapere tutto quando è giovane.

   ____

5) Quando uno è malato è nervoso.

   ____

6) Quando uno è apprezzato, lavora con entusiasmo.

   ____

보기) Quando uno beve troppo, si sente male.

   → Quando si beve troppo, ci si sente male.

7) Se uno si cura bene, guarisce presto.

____

8) Alle feste uno si diverte di più quando è fra amici.

____

보기) In quella scuola si studia una lingua straniera.

  → In quella scuola si studiano tre lingue straniere.

9) In banca _______ il denaro. (cambiare)

  In banca _________ i soldi.

10) _______ una persona per quell' ufficio. (cercare)

  _________ tre persone per quell' ufficio.

보기) In questa città uno può vivere bene.

  → In questa città si può vivere bene.

11) In questo ristorante uno può mangiare bene.

____

12) In questo fiume uno può nuotare, perché l' acqua è pulita.

____

보기) A volte uno può essere felice quando è solo.

  → A volte si può essere felici quando si è soli.

13) Uno può essere giovane di spirito anche quando è vecchio.

____

14) Uno può sembrare allegro anche quando dentro di sé è triste.

____

15) Se uno beve troppo, può sentirsi male.

____

16) Ci sono dei locali dove uno può andare quando vuole divertirsi?

____

17) Uno si può credere importante anche quando non vale niente.

____

18) Uno si vuole sentire libero di fare ciò che desidera.

____

19) Si compra l'accendino dal tabaccaio.

____

20) Si comprano i francobolli alla posta.

____

 **기초문법**

직접화법은 다른 사람의 말을 말한 그대로 전달하는 방식이다. 반면 간접화법은 타인의 말을 자신의 어투로 바꾸어 전달하는 방식이다. 따라서 접속사가 등장하고 시제와 인칭의 조정 등이 일어난다. 직접화법에서 간접화법으로 전환하려면 대명사, 시간 및 장소 부사, 지시사, 동사의 시제 등이 변화되어야 한다.

예) Alberto mi ha detto: "Giovanna sta bene".

Alberto mi ha detto che Giovanna stava bene.

1 직접화법의 간접화법으로의 전환

1) 주어인칭대명사 (io/tu → lui/lei, noi/voi → loro)

예) Egli disse: "io sono stanco." → Egli disse che lui era stanco.

2) 목적어 인칭대명사 (mi/ti → lo/la, gli/le, ci/vi → li/le, gli(loro))

예) Enzo disse: "Roberta non mi chiama più"

→ Enzo disse che Roberta non lo chiamava più.

3) 재귀대명사 (io mi/tu ti/... → lui/lei si..., noi ci/voi vi/... → loro si...)

예) Laura mi disse: "non mi trovo bene."

→ Laura mi disse che lei non si trovava bene."

4) 소유사 (mio/a/ei/e, tuo/a/oi/e → suo/a/oi/e, nostro/i/a/e, vostro/i/a/e → loro)

예) Massimo affermò: "la mia macchina è rotta."
   → Massimo affermò che la sua macchina era rotta.

5) 지시사 (questo/i/a/e → quello/i/a/e, quel, quei...)

예) Massimo affermò: "Mi piace questa macchina."
   → Massimo affermò che gli piaceva quella macchina.

6) 장소부사 (qui/qua → lì/là)

예) Disse: "Sto qui a Firenze da anni."
   → Disse che stava lì a Firenze da anni.

7) 시간부사 (ora→ allora, poco fa→ poco prima, fra poco→ poco dopo, ieri→ il giorno prima, oggi→ quel giorno, domani→ il giorno dopo)

예) Paolo disse: "Oggi dobbiamo partire."
   → Paolo disse che quel giorno dovevano partire.

8) 동사
① 직설법/접속법 현재 → 직설법/접속법 반과거

예) Paola disse: "Sono sicura che lui dice la verità"
   → Paola disse che era sicura che lui diceva la verità.
   Paola disse: "Credo che lui dica la verità"

→ Paola disse che credeva che lui dicesse la verità.

② 근과거/원과거 → 대과거

예) Laura disse: "Ho finito tutto il compito."

　　→ Laura disse che aveva finito tutto il compito.

　　Laura disse: "Finii tutto il compito."

　　→ Laura disse che aveva finito tutto il compito.

③ (단순, 복합) 미래 → 조건법 과거

예) Paolo disse: "Farò tutto quanto."

　　→ Paolo disse che avrebbe fatto tutto quanto.

④ 조건법현재 → 조건법과거

예) Paola disse: "comprerei volentieri la Mercedes."

　　→ Paola disse che avrebbe comprato volentieri la Mercedes.

⑤ 명령법 → di+Infinitivo/che+접속법 반과거

예) Enzo ordinò: "Prendi le carte e portale al professore."

　　→ Enzo ordinò di prendere le carte e di portarle al prof.

　　→ Enzo ordinò che prendesse le carte e le portasse al prof.

⑥ venire → andare (단, ‘venire a sapere’, 'venire in mente'와 같은 숙어구에서는 전환되지 않는다. es. Disse: "È venuta in mente un'idea." → Disse che era venuta in mente un'idea.)

예) Mi chiese: "Puoi venire a casa mia?"

→ Mi chiese se potevo/potessi andare a casa sua

⑦ 가정법

예) Disse: "Se posso, ti aiuto[Se potrò, ti aiuterò/Se potessi, ti aiuterei/Se avessi potuto, ti avrei aiutato]" → Disse che se avesse potuto, mi avrebbe aiutato.

⑧ 간접의문문

예) Mi domandò: «Cosa fai (hai fatto)?» → Mi domandò cosa facessi (avessi fatto).

⑨ 직설법이든 접속법이든 직접화법에서 표현된 반과거와 대과거 형태들은 간접화법에서 시제 불변이다. 부정사, 분사, 제룬디오 등 또한 당연히 그 형태가 불변이다.

예) Disse: "Volevo comprare quel libro, ma leggendolo un po', mi accorsi che l'avevo già comprato qualche anno fa." → Disse che voleva comprare quel libro, ma leggendolo un po', si era accorto che l'aveva già comprato qualche anno fa.

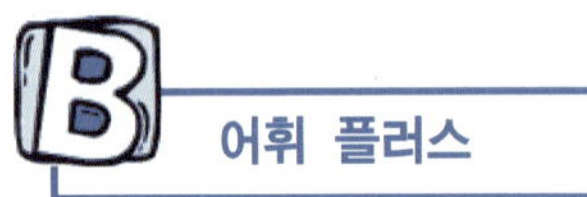

어휘 플러스

[이탈리아어의 부사]

1) 장소부사: dove, qui/lì, qua/là, dentro, sopra, sotto, fuori, davanti, dietro, presso, vicino, lontano, altrove, intorno, dovunque/ovunque, su, giù, dappertutto, laggiù, quassù, ecc.

2) 시간부사: oggi, ieri, domani, dopodomani, adesso, ora, allora, finora,

talvolta, sempre, prima, dopo, poi, mai, ormai/oramai, già, quando, presto, tardi, spesso/sovente, subito, ancora, tuttora, ecc.

3) 양태부사: bene, male, meglio, così, come, volentieri, malvolentieri, apposta, insieme, invano, ecc.

4) 질량부사: molto, tanto, abbastanza, poco, troppo, parecchio, assai, quasi, affatto, almeno, appena, niente, nulla, solo/soltanto, altrettanto, quanto, ecc.

5) 기타: sì, certo, sicuro, già, appunto, davvero, no, non (평가), forse, magari (추정), come?, dove?, quando?, perché?, quanto? (의문), ecc.

6) 부사적 표현: di qua/di là, di sopra/di sotto, in su/in giù, da queste parti, da nessuna parte, di tanto in tanto, un giorno, a lungo, di corsa, fra poco, di notte, in fretta, a occhi chiusi/aperti, a mani vuote, in abbondanza, un po', di meno/di più, ecc.

Ero sconvolta, andai subito a casa sua e gli chiesi come avesse potuto tradirmi così con la mia migliore amica. Lui cercò di calmarmi e mi spiegò che era stata solo una debolezza e che comunque tra loro non era successo niente, mi disse che si erano solo baciati. A quel punto gli chiesi se stesso dicendo

la verità e lui mi rispose di sì, continuò a ripetermi che mi amava
e che se lo avessi lasciato la sua vita non avrebbe più avuto
alcun senso e mi pregava, mi scongiurava di perdonarlo. Io non
sapevo che cosa dire, ero confusa, mi sembrava sincero. Ad
un tratto mi guardò negli occhi serio e solenne e mi disse che
da quell' errore aveva capito quanto mi amava e che non
voleva assolutamente perdermi. Allora s' inginocchiò, mi prese
la mano e mi chiese di sposarlo. Rimasi senza parole.

● carcare di~하려고 노력하다, a quel punto 그때, avere senso 의미가
있다, ad un tratto 갑자기, rimanere senza parole 할 말이 없어지다

직접화법은 간접화법으로, 간접화법은 직접화법으로 바꾸시오.

1) Mia zia ci disse: "Domani verrò a trovarvi."

____

2) Il frate ci disse: "Fate a modo mio."

____

3) L'oste chiese: "Cosa devo fare per Lei?"

____

4) Lucia ci disse: "Lasciatemi andare per la mia strada!"

____

5) La guida mi disse di preparare un buon pranzo per quel giovane.

____

6) La guida mi disse che quel giovane aveva intenzione di dormire là.

____

7) Disse: "Oggi darò l' ultimo esame e poi partirò."

____

8) Dissero a Luigi: "Se verrai con noi, ti divertirai certamente."

____

9) Disse: "Se non fosse stato troppo tardi, lo avrei chiamato al telefono."

____

10) Maria disse: "Vado a prendere Carla alla stazione."

____

11) Giorgio sosteneva: "Ho trovato petrolio, carbone e minerali preziosi."

____

12) Marco pensava: "Ho parlato troppo di questa storia."

____

13) Ha aggiunto: "Siamo arrivati alle minacce. L'altra sera ho ricevuto un strana telefonata."

____

14) Il professore affermò: "Il vostro esame è andato bene, ma non benissimo."

____

15) Le dissi che io l'amavo   tantissimo.

____

16) Il direttore disse che avrebbe fatto tutto quello che gli avrebbe detto.

____

17) Lui disse: "Se studio molto, parlerò bene l'italiano."

____

18) Maria disse che aveva già mangiato poco prima.

____

19) Roberta mi ha chiesto: "Cosa hai combinato?"

____

20) Enzo disse: "Se potessi, smetterei subito di fumare."

____

연습문제 정답

제1과

I. 1) Noi siamo coreani. 2) Voi siete italiani. 3) Loro sono francesi. 4) Loro sono americane. 5) Io sono coreano. 6) Tu sei italiano. 7) È francese. 8) È americana. 9) Io ho una macchina. 10) Loro hanno una borsa. II. 1) No, non abbiamo la coda. 2) Si, abbiamo due occhi. 3) Si, ci sono due torri a Bologna. 4) Si, ho un cane./No, non ho un cane. 5) Si, ho freddo./No, non ho freddo. 6) Si, sono insegnante./No, non sono insegnante. 7) Si, abbiamo un computer. 8) Si, sono a casa oggi. 9) Si, sono italiana./No, sono coreana. 10) Si, ce l'ho.

제2과

1) quaderni 2) giornali 3) cani 4) programmi 5) pianisti/pianiste 6) alberi 7) problemi 8) mani 9) lezioni 10) virtù 11) scuole 12) chiavi 13) té 14) studenti 15) zii 16) fiori 17) amici 18) amiche 19) zucchero 20) occhi

제3과

I. 1) un' 2) una 3) un/un' 4) uno 5) un 6) un' 7) uno 8) una 9) 없음 10) uno II. 1) i 2) i 3) gli 4) l' 5) le 6) gli 7) l' 8) le 9) gli 10) i

제4과

1) piccoli 2) bianche 3) buoni 4) quel 5) bella 6) grande 7) importante 8) bell' 9) rossi 10) brava 11) lunghi 12) brave 13) interessante 14) bianche 15) difficile 16) aperta 17) facili 18) rossa 19) santo 20) gran

제5과

I. 1) Sono le sette del mattino. 2) È mezzogiorno. 3) Sono le cinque e quindici./Sono le cinque e un quarto. 4) Sone le sei meno cinque. 5) Sono a casa alle dieci e mezza. 6) Ho venticinque anni. 7) È il due settembre duemiladieci. 8) Sono le otto del pomeriggio. 9) Oggi è martedì. 10) C'è molta neve in inverno. II. 1) Sono le quattro e venti. 2) Ci sono dodici mesi in un anno. 3) Sì, ho freddo./No, non ho freddo. 4) Sì, ho lezione./No, non ho lezione oggi. 5) Oggi è venerdì. 6) Siamo in marzo. 7) quattro per quattro fa sedici. 8) Il mio compleanno è il primo aprile. 9) Faccio colazione alle sette. 10) Ho ventidue.

제6과

I. 1) la tua 2) la mia 3) il Suo 4) la tua 5) i vostri 6) il suo 7) il tuo 8) I nostri 9) I Suoi 10) il suo II. 1) le sue risposte 2) la tua parola 3) la sua mano 4) il mio fratello 5) le nostre possibilità 6) i tuoi scherzi 7) vostre zie 8) i suoi libri 9) I suoi nonni 10) le mie idee

제7과

1) abbiamo 2) capisce 3) preferisco 4) ascolti 5) spende 6) offre 7) corri 8) saluta 9) garantisco 10) finite 11) cercano 12) cerca 13) comincia 14) suonare 15) partire 16) riesco 17) mangia 18) scrive 19) parto 20) impariamo

제8과

1) a/a 2) in 3) al 4) a/a 5) da 6) da 7) in/con 8) in/in 9) per 10) Da 11) di 12) di 13) A 14) di 15) a/alla 16) Con 17) al 18) in/a 19) sulla/con 20) da/a

제9과

1) dobbiamo 2) vuoi 3) Posso 4) muore 5) dici 6) stanno 7) esci 8) vado 9) facciamo/beviamo 10) avete 11) dà 12) viene 13) vanno 14) facciamo 15) raccolgono 16) manteniamo 17) vengono 18) fate 19) spegno/esco 20) sai

제10과

I. 1) mi faccio 2) si svegliano 3) ci laviamo 4) Vi divertite 5) ti chiami 6) mi sento 7) si fida 8) si veste 9) ti arrabbi 10) ci fermiamo II. 1) non mi ricordo 2) si veste 3) ci alziamo 4) vi lavate 5) ci salutiamo, ci incontriamo 6) si conoscono 7) non ti accorgi 8) ci accorgiamo 9) si addormenta 10) si laureano

제11과

I. 1) La studio. 2) Le compra. 3) La settimana prossima la finiamo. 4) Lo prendo. 5) La metto sul tavolo. 6) Le serve altro? 7) Perché non gli rispondi? 8) Gliela racconto. 9) Le piace la mela. 10) Vi serve un aiuto? II. 1) Glielo offro. 2) Gliela dice. 3) Glielo devo comunicare. 4) Quando glieli mandi? 5) Glielo pago. 6) Me lo presta. 7) Gliela insegna? 8) Glielo compri? 9) Me la può indicare? 10) Vuole spiegarmela?

제12과

I. 1) guardiamo 2) vai, di' 3) dica 4) pulisci, raccogli 5) non dimenticare 6) andate, ritornate 7) entri 8) Chiamatemi 9) Attendano, abbiano 10) Mi mandi II. 1) Aspetti 2) Mi chiami 3) facciamolo 4) abbiano 5) Ricordati 6) Ascoltate 7) Sia 8) vacci 9) vestiti 10) cambiare

제13과

1) più, che 2) più, che 3) che 4) più, della 5) più, che 6) più, che 7) che 8) che 9) meno, di 10) più di 11) più, che 12) più, che 13) più, di 14) più, meno 15) più, di 16) più, di 17) tanto, quanto 18) tanti, quante 19) più, di 20) più, di

제14과

I. 1) Darò 2) Starete 3) Berrò 4) Potremo 5) Andremo 6) Faremo 7) Potrò 8) Avrai 9) saremo 10) Vorrai II. 1) avrò finito, ti aiuterò 2) sarà smesso, potremo 3) sentirò, sarai partito 4) mi presterai, avrai finito 5) saranno, gli avrete detto 6) sarà, non avrà ricevuto 7) lascerà, avrà detto 8) telefonerete, sarete arrivati 9) sarà, avrai smesso 10) avrò finito, perlerò

제15과

1) hanno aperto 2) ha preso 3) ho letto 4) ho risposto 5) ha scritto 6) siamo andati 7) sono partite 8) ci siamo divertiti 9) sono arrivate 10) sono nato/a 11) hanno visto 12) siamo stati 13) ha bevuto 14) sono arrivati 15) siamo andati 16) hanno passeggiato 17) ho mandato 18) è andata 19) è tornata 20) ha raccontato

제16과

I. 1) andavo 2) cenavamo 3) dormivano 4) era 5) dava 6) leggeva, facevi 7) parlavo 8) avevo 9) studiavo 10) facevano II. 1) voleva, ho finito, sono restato 2) Ho conosciuto, ho visti 3) uscivate, squillava 4) ti piaceva, andavo 5) andava, ci è andato 6) ci siamo sposati, aveva 7) faceva, hai telefonato 8) volevo, stava, sono romasto 9) Ho saputo 10) parlavate, è cominciato

제17과

1) L'ha sposata l'anno scorso. 2) Giel'ha data perché aveva fame. 3) Gliel'ha regalata per il suo compleanno. 4) Gliel'hanno spedito dall'India. 5) Glieli ha dati perché era preoccupata per lei. 6) L'abbiamo comprata perché era in saldo. 7) Le ho lette dal dentista. 8) L'abbiamo conosciuta alla festa di Marco. 9) Gliel'ho restituita ieri. 10) Gliel'ha comprato in rosticceria. 11) Le ho risposto stamattina. 12) Me l'hanno promesso il giorno del mio compleanno. 13) Gliel'ho chiesto perché domani dobbiamo andare al mare. 14) Si, gliel'ha stirato stamattina. 15) Si, gliel'ho spiegata in modo chiaro. 16) Li abbiamo finiti alle 3.00. 17) L'ha vista quando era molto giovane. 18) Si, Gliele ha lasciate. 19) Le ho trovate in un negozio in centro. 20) Gliene ho portati due.

제18과

I. 1) scoprì 3) frequentammo 4) rimaneste 5) recitarono 6) calò 7) incontrai 8) fecero 9) diedero(dettero) 10) partii II. 1) ho fatto 2) avvenne 3) fu 4) furono 5) hanno bocciato 6) ci siamo sposati 7) hanno detto 8) disse 9) nacque 10) è morta/morì

제19과

1) ebbe proferito 2) non ebbe detto 3) si furono ritirati 4) era già partito 5) aveva previsto 6) ebbi incontrato 7) era piovuto 8) aveva finito 9) aveva già finito 10) mi avevano parlato 11) avevo letto 12) era tornata/ci era rimasta 13) non aveva mai fatto 14) ebbe finito 15) era successo 16) avevano appena finito 17) aveva già raccontato 18) avevo mai frequentato 19) fu entrato 20) ebbi finito

제20과

I. 1) che 2) di cui 3) che 4) in cui 5) chi 6) il cui 7) il cui 8) quello che 9) del quale/di cui 10) che II. 1) la camera che dà... 2) Il parrucchiere che mi ha tagliato i capelli... 3) La ragazza con cui ho parlato... 4) L'argomento di cui state discutendo... 5) I tre amici con cui siamo usciti... 6) ...un ragazzo che si... 7) Il dottore a cui abbiamo telefonato... 8) I bambini i cui genitori permettono tutto, crescono... 9) Ti ringrazio per la bella lettera che mi hai scritto. 10) ... a camminare, il che significa che....

제21과

I. 1) Me ne ricordai quando uscii di casa. 2) Mi feci coraggio quando ebbi udito la tua voce. 3) Si è logorata la vista perché aveva studiato troppo. 4) È promosso senza esami perché era stato diligente nello studio. 5) Maria viaggia spesso all'estero senza problemi, perché sa parlare bene l'inglese. 6) Quando arriverete sulla cima di questa collina, godrete di un bel panorama. 7) Quando si fa il prorio dovere, non c'è nulla da temere. 8) Maria riuscì a vedere l'alba perché si era alzata presto. 9) Perse il treno per Roma perché era arrivata in ritardo. 10) Quando ebbi letto il libro, glielo restituii. II. 1) Salendo le scale, ... 2) Arrivato lui ... 3) Prima di partire... 4) Parlando in inglese, ... 5) Sposatasi ... 6) ...facendo colazione 7) Avendo bevuto troppo alcol, ... 8) Tramontato il sole, ... 9) Dopo aver ricevuto, ... 10) Preparata la cena...

제22과

I. 1) tirerei 2) staresti 3) potresti 4) sarebbero 5) capirebbe 6) sarebbe 7) vorrei/verresti 8) saprei 9) dovresti 10) avverebbe II. 1) avrebbe pagato 2) sarebbe venuto 3) avremmo voluto 4) mi sarei comportato/a 5) si sarebbero divertiti/avrebbero conosciuto 6) avrei comprato 7) avrebbero voluto 8) avrebbe bevuto 9) sarebbe andata 10) avreste dovuto.

제23과

I. 1) vada 2) sia 3) sia 4) dice 5) vengano 6) possiate 7) può 8) ha 9) viene 10) se ne va II. 1) abbia fatto 2) abitino 3) arriverà 4) si sia già addormentata 5) sia nata 6) sia 7) si siano arrabbiati 8) abbiate mangiato 9) si rendano conto 10) prenda

제24과

I. 1) dicessi 2) bevesse 3) studiaste 4) aspettaste 5) fosse 6) telefonasse 7) partisse 8) fossero 9) tornasse 10) si accorgesse II. 1) avessi capito 2) avessero assistito 3) gli avesse offerto 4) non l'avessi capita 5) fossi stata/mi avessi detto 6) ci aveste avvertito 7) non pensassi 8) ci fossimo già stati 9) fossi 10) fosse/venisse

제25과

I. 1) abbia 2) ffosse 3) venga 4) possiamo 5) avvenga 6) piovesse/splendesse 7) sembri 8) stia 9) parlassi 10) vada II. 1) non abbia 2) premi 3) andasse 4) stia 5) mi dessi 6) vada 7) superi 8) aveva invitato 9) avesse detto 10)

avevo

제26과

1) vieni/incontrerai 2) si comporta/si innamora 3) arriva/perderemo 4) incontraste 5) passi/mi troverai 6) avrei fatto 7) potevi 8) potrebbero 9) sbagli 10) avrebbe vissuto 11) crederei 12) avesse comprato 13) segnasse 14) posso 15) avessi avuto 16) fosse stato 17) avessi capito 18) risultasse 19) avessi incontrato   20) decidesse

제27과

I. 1) smetterà 2) arriverò 3) pioverà 4) hanno dichiarato/lo hanno condannato 5) sarebbe diventata 6) era 7) abbiamo visto/mi è piaciuto/non ho capito 8) avevi 9) vuoi 10) andrà II. 1) volevo 2) viene 3) avresti aiutato 4) abbiano accettato 5) fosse tornato 6) sarebbe tornata 7) andasse 8) fosse 9) diciate 10) sapesse

제28과

I. 1) Il tetto ... è stato colpito dal fulmine. 2) Domenica scorsa fui(venni) rimproverato/a dal babbo per ... 3) Tutti asnno chi uccise Cerare. 4) Dante ha scritto la Divina Commedia. 5) Il professore interrogò gli alunni. 6) La grandine danneggia le messi. 7) Un nuovo palazzo era(veniva) costruito dai muratori. 8) Il gregge è(viene) custodito dal pastore. 9) Luigi è(viene) castigato dal padre perché... 10) I ladri sono stati arrestati dalla polizia. II. 1) fosse stato assunto 2) fosse stato già licenziato 3) sia(venga) bocciato 4) sono state disperse, 5) fosse/venisse premiato 6) [è/viene/verrà/sarà] pubblicato 7) deve essere finito 8) sarà/verrà ricordata 9) è/viene prodotto 10) va conservato

제29과

1) In questa casa si vive bene, perché la zona è tranquilla. 2) In Italia si pranza di solito... 3) Si mangia bene in... 4) Si è curiosi di sapere tutto quando si è giovani. 5) Quando si è malati, si è nervosi. 6) Quando si è apprezzati, si lavora con entusiasmo. 7) Se ci si cura bene, si guarisce presto. 8) Alle feste ci si diverte di più quando si è tra amici. 9) si cambia/si cambiano 10) si cerca/si cercano 11) si può mangiare bene in questo ristorante. 12) Si può nuotare, perché... 13) Si può essere giovani di spirito anche quando si è vecchi. 14) Si può sembrare allegri anche quando dentro di se si è tristi. 15) Se si beve troppo, ci si può sentire male. 16) Ci sono dei locali dove si può andare quando ci si vuole divertire? 17) Uno può credersi importante anche... 18) Uno vuole sentirsi libero di... 19) Lo si è comprato dal tabaccaio. 20) Li si sono comprati alla posta.

1) Mia zia ci disse che il giorno dopo sarebbe andata a trovarci. 2) ...di fare a modo suo. 3) L'oste chiese che cosa doveva/dovesse fare per me. 4) Lucia ci disse di lasciarla andare per la sua strada. 5) La guida mi disse: "Prepara un buon pranzo per questo giovane!" 6) La guida mi disse: Questo giovane ha intenzione di dormire qua." 7) Disse che quel giorno avrebbe dato l'ultimo esame e poi sarebbe partito. 8) Dissero a Luigi che se fosse andato con loro, si sarebbe divertito certamente. 9) Disse che se non fosse stato troppo tardi, lo avrebbe chiamato al telefono. 10) ...che sarebbe andata (andava) a prendere Carla alla stazione. 11) Giorgio sosteneva di aver trovato (che aveva trovato) petrolio, carbone e materiali preziosi. 12) Marco pensava di aver parlato troppo di quella storia. 13) Ha aggiunto che erano arrivati alle minacce e che una sera aveva ricevuto una strana telefonata. 14) ...affermò che il nostro esame era andato bene , ma non benissimo. 15) Le dissi: "Ti amo tantissimo." 16) Il direttore disse: "Farò tutto quello che mi dirà" 17) Lui disse che se avesse studiato molto, avrebbe parlato bene l'italiano. 18) Maria disse: "Ho già mangiato, poco fa." 19) Roberta mi ha chiesto che cosa avevo combinato (avessi combinato). 20) Enzo disse che se avesse potuto, avrebbe smesso subito di fumare.

[부록] 1. 규칙동사 변화표

	VERBO	제1군 동사형 AMARE 사랑하다	제2군 동사형 CREDERE 믿다	제3-1군 동사형 SENTIRE 듣다, 느끼다	제3-2군 동사형 CAPIRE 이해하다
INDICATIVO	PRESENTE	amo ami ama amiamo amate amano	credo credi crede crediamo credete credono	sento senti sente sentiamo sentite sentono	capisco capisci capisce capiamo capite capiscono
	IMPERFETTO	amavo amavi amava amavamo amavate amavano	credevo credevi credeva credevamo credevate credevano	sentivo sentivi sentiva sentivamo sentivate sentivano	capivo capivi capiva capivamo capivate capivano
	PASSATO REMOTO	amai amasti amò amammo amaste amarono	credetti, credei credesti credette, credé credemmo credeste credettero, crederono	sentii sentisti sentì sentimmo sentiste sentirono	capii capisti capì capimmo capiste capirono
	FUTURO SEMPLICE	amerò amerai amerà ameremo amerete ameranno	crederò crederai crederà crederemo crederete crederanno	sentirò sentirai sentirà sentiremo sentirete sentiranno	capirò capirai capirà capiremo capirete capiranno
CONGIUNTIVO	PRESENTE	ami ami ami amiamo amiate amino	creda creda creda crediamo crediate credano	senta senta senta sentiamo sentiate sentano	capisca capisca capisca capiamo capiate capiscano
	IMPERFETTO	amassi amassi amasse amassimo amaste amassero	credessi credessi credesse credessimo credeste credessero	sentissi sentissi sentisse sentissimo sentiste sentissero	capissi capissi capisse capissimo capiste capissero
CONDIZIONALE	PRESENTE	amerei ameresti amerebbe ameremmo amereste amerebbero	crederei crederesti crederebbe crederemmo credereste crederebbero	sentirei sentiresti sentirebbe sentiremmo sentireste sentirebbero	capirei capiresti capirebbe capiremmo capireste capirebbero
IMPERATIVO		— ama ami amiamo amate amino	— credi creda crediamo credete credano	— senti senta sentiamo sentite sentano	— capisci capisca capiamo capite capiscano
GERUNDIO		amando	credendo	sentendo	capendo
PARTICIPIO	PRESENTE	amante	credente	sentente	capente
	PASSATO	amato	creduto	sentito	capito
INFINITO	PRESENTE	amare	credere	sentire	capire
	PASSATO	avere amato	avere creduto	avere sentito	avere capito

	VERBO	ACCENDERE (불, 등을) 켜다	ACCLUDERE 동봉하다	ACCORGERSI 알다, 깨닫다	AFFLIGGERE 괴롭히다
INDICATIVO	PRESENTE	accendo accendi accende accendiamo accendete accendono	accludo accludi acclude accludiamo accludete accludono	mi accorgo ti accorgi si accorge ci accorgiamo vi accorgete si accorgono	affliggo affliggi affligge affliggiamo affliggete affliggono
	IMPERFETTO	accendevo accendevi accendeva accendevamo accendevate accendevano	accludevo accludevi accludeva accludevamo accludevate accludevano	mi accorgevo ti accorgevi si accorgeva ci accorgevamo vi accorgevate si accorgevano	affliggevo affliggevi affliggeva affliggevamo affliggevate affliggevano
	PASSATO REMOTO	accesi accendesti accese accendemmo accendeste accesero	acclusi accludesti accluse accludemmo accludeste acclusero	mi accorsi ti accorgesti si accorse ci accorgemmo vi accorgeste si accorsero	afflissi affliggesti afflisse affliggemmo affliggeste afflissero
	FUTURO SEMPLICE	accenderò accenderai accenderà accenderemo accenderete accenderanno	accluderò accluderai accluderà accluderemo accluderete accluderanno	mi accorgerò ti accorgerai si accorgerà ci accorgeremo vi accorgerete si accorgeranno	affliggerò affliggerai affliggerà affliggeremo affliggerete affliggeranno
CONGIUNTIVO	PRESENTE	accenda accenda accenda accendiamo accendiate accendano	accluda accluda accluda accludiamo accludiate accludano	mi accorga ti accorga si accorga ci accorgiamo vi accorgiate si accorgano	affligga affligga affligga affliggiamo affliggiate affliggano
	IMPERFETTO	accendessi accendessi accendesse accendessimo accendeste accendessero	accludessi accludessi accludesse accludessimo accludeste accludessero	mi accorgessi ti accorgessi si accorgesse ci accorgessimo vi accorgeste si accorgessero	affliggessi affliggessi affliggesse affliggessimo affliggeste affliggessero
CONDIZIONALE	PRESENTE	accenderei accenderesti accenderebbe accenderemmo accendereste accenderebbero	accluderei accluderesti accluderebbe accluderemmo accludereste accluderebbero	mi accorgerei ti accorgeresti si accorgerebbe ci accorgeremmo vi accorgereste si accorgerebbero	affliggerei affliggeresti affliggerebbe affliggeremmo affliggereste affliggerebbero
IMPERATIVO		— accendi accenda accendiamo accendete accendano	— accludi accluda accludiamo accludete accludano	— accorgiti si accorga accorgiamoci accorgetevi si accorgano	— affliggi affligga affliggiamo affliggete affliggano
GERUNDIO		accendendo	accludendo	accorgendosi	affliggendo
PARTICIPIO	PRESENTE	accendente	accludente	accorgentesi	affliggente
	PASSATO	acceso	accluso	accortosi	afflitto
INFINITO	PRESENTE	accendere	accludere	accorgersi	affliggere
	PASSATO	avere acceso	avere accluso	essersi accorto	avere afflitto

	VERBO	ALLUDERE 암시하다	ANDARE 가다	ANNETTERE 합치다, 첨부하다	APPARIRE 나타나다
INDICATIVO	PRESENTE	alludo alludi allude alludiamo alludete alludono	vado vai va andiamo andate vanno	annetto annetti annette annettiamo annettete annettono	appaio appari appare appariamo apparite appaiono
	IMPERFETTO	alludevo alludevi alludeva alludevamo alludevate alludevano	andavo andavi andava andavamo andavate andavano	annettevo annettevi annetteva annettevamo annettevate annettevano	apparivo apparivi appariva apparivamo apparivate apparivano
	PASSATO REMOTO	allusi alludesti alluse alludemmo alludeste allusero	andai andasti andò andammo andaste andarono	annettei annettesti annetté annettemmo annetteste annetterono	apparvi apparisti apparve apparimmo appariste apparvero
	FUTURO SEMPLICE	alluderò alluderai alluderà alluderemo alluderete alluderanno	andrò andrai andrà andremo andrete andranno	annetterò annetterai annetterà annetteremo annetterete annetteranno	apparirò apparirai apparirà appariremo apparirete appariranno
CONGIUNTIVO	PRESENTE	alluda alluda alluda alludiamo alludiate alludano	vada vada vada andiamo andiate vadano	annetta annetta annetta annettiamo annettiate annettano	appaia appaia appaia appariamo appariate appaiano
	IMPERFETTO	alludessi alludessi alludesse alludessimo alludeste alludessero	andassi andassi andasse andassimo andaste andassero	annettessi annettessi annettesse annettessimo annetteste annettessero	apparissi apparissi apparisse apparissimo appariste apparissero
CONDIZIONALE	PRESENTE	alluderei alluderesti alluderebbe alluderemmo alludereste alluderebbero	andrei andresti andrebbe andremmo andreste andrebbero	annetterei annetteresti annetterebbe annetteremmo annettereste annetterebbero	apparirei appariresti apparirebbe appariremmo apparireste apparirebbero
IMPERATIVO		— alludi alluda alludiamo alludete alludano	— va, vai, va' vada andiamo andate vadano	— annetti annetta annettiamo annettete annettano	— appari appaia appariamo apparite appaiano
GERUNDIO		alludendo	andando	annettendo	apparendo
PARTICIPIO	PRESENTE	alludente	andante	annettente	apparente
	PASSATO	alluso	andato	annesso	apparso
INFINITO	PRESENTE	alludere	andare	annettere	apparire
	PASSATO	avere alluso	essere andato	avere annesso	essere apparso

	VERBO	APPENDERE 매달다, 붙이다	ARDERE 태우다	ASSOLVERE 용서하다, 면죄하다	ASSUMERE (임무)맡다, 추측하다, 채용하다
INDICATIVO	PRESENTE	appendo appendi appende appendiamo appendete appendono	ardo ardi arde ardiamo ardete ardono	assolvo assolvi assolve assolviamo assolvete assolvono	assumo assumi assume assumiamo assumete assumono
	IMPERFETTO	appendevo appendevi appendeva appendevamo appendevate appendevano	ardevo ardevi ardeva ardevamo ardevate ardevano	assolvevo assolvevi assolveva assolvevamo assolvevate assolvevano	assumevo assumevi assumeva assumevamo assumevate assumevano
	PASSATO REMOTO	appesi appendesti appese appendemmo appendeste appesero	arsi ardesti arse ardemmo ardeste arsero	assolsi assolvesti assolse assolvemmo assolveste assolsero	assunsi assumesti assunse assumemmo assumeste assunsero
	FUTURO SEMPLICE	appenderò appenderai appenderà appenderemo appenderete appenderanno	arderò arderai arderà arderemo arderete arderanno	assolverò assolverai assolverà assolveremo assolverete assolveranno	assumerò assumerai assumerà assumeremo assumerete assumeranno
CONGIUNTIVO	PRESENTE	appenda appenda appenda appendiamo appendiate appendano	arda arda arda ardiamo ardiate ardano	assolva assolva assolva assolviamo assolviate assolvano	assuma assuma assuma assumiamo assumiate assumano
	IMPERFETTO	appendessi appendessi appendesse appendessimo appendeste appendessero	ardessi ardessi ardesse ardessimo ardeste ardessero	assolvessi assolvessi assolvesse assolvessimo assolveste assolvessero	assumessi assumessi assumesse assumessimo assumeste assumessero
CONDIZIONALE	PRESENTE	appenderei appenderesti appenderebbe appenderemmo appendereste appenderebbero	arderei arderesti arderebbe arderemmo ardereste arderebbero	assolverei assolveresti assolverebbe assolveremmo assolvereste assolverebbero	assumerei assumeresti assumerebbe assumeremmo assumereste assumerebbero
IMPERATIVO		— appendi appenda appendiamo appendete appendano	— ardi arda ardiamo ardete ardano	— assolvi assolva assolviamo assolvete assolvano	— assumi assuma assumiamo assumete assumano
GERUNDIO		appendendo	ardendo	assolvendo	assumendo
PARTICIPIO	PRESENTE	appendente	ardente	assolvente	assumente
	PASSATO	appeso	arso	assolto	assunto
INFINITO	PRESENTE	appendere	ardere	assolvere	assumere
	PASSATO	avere appeso	avere arso	avere assolto	avere assunto

	VERBO	ATTINGERE (액체) 퍼올리다	AVERE 가지다	BERE 마시다	CADERE 떨어지다
INDICATIVO	PRESENTE	attingo	ho	bevo	cado
		attingi	hai	bevi	cadi
		attinge	ha	beve	cade
		attingiamo	abbiamo	beviamo	cadiamo
		attingete	avete	bevete	cadete
		attingono	hanno	bevono	cadono
	IMPERFETTO	attingevo	avevo	bevevo	cadevo
		attingevi	avevi	bevevi	cadevi
		attingeva	aveva	beveva	cadeva
		attingevamo	avevamo	bevevamo	cadevamo
		attingevate	avevate	bevevate	cadevate
		attingevano	avevano	bevevano	cadevano
	PASSATO REMOTO	attinsi	ebbi	bevvi	caddi
		attingesti	avesti	bevesti	cadesti
		attinse	ebbe	bevve	cadde
		attingemmo	avemmo	bevemmo	cademmo
		attingeste	aveste	beveste	cadeste
		attinsero	ebbero	bevvero	caddero
	FUTURO SEMPLICE	attingerò	avrò	berrò	cadrò
		attingerai	avrai	berrai	cadrai
		attingerà	avrà	berrà	cadrà
		attingeremo	avremo	berremo	cadremo
		attingerete	avrete	berrete	cadrete
		attingeranno	avranno	berranno	cadranno
CONGIUNTIVO	PRESENTE	attinga	abbia	beva	cada
		attinga	abbia	beva	cada
		attinga	abbia	beva	cada
		attingiamo	abbiamo	beviamo	cadiamo
		attingiate	abbiate	beviate	cadiate
		attingano	abbiano	bevano	cadano
	IMPERFETTO	attingessi	avessi	bevessi	cadessi
		attingessi	avessi	bevessi	cadessi
		attingesse	avesse	bevesse	cadesse
		attingessimo	avessimo	bevessimo	cadessimo
		attingeste	aveste	beveste	cadeste
		attingessero	avessero	bevessero	cadessero
CONDIZIONALE	PRESENTE	attingerei	avrei	berrei	cadrei
		attingeresti	avresti	berresti	cadresti
		attingerebbe	avrebbe	berrebbe	cadrebbe
		attingeremmo	avremmo	berremmo	cadremmo
		attingereste	avreste	berreste	cadreste
		attingerebbero	avrebbero	berrebbero	cadrebbero
IMPERATIVO		—	—	—	—
		attingi	abbi	bevi	cadi
		attinga	abbia	beva	cada
		attingiamo	abbiamo	beviamo	cadiamo
		attingete	abbiate	bevete	cadete
		attingano	abbiano	bevano	cadano
GERUNDIO		attingendo	avendo	bevendo	cadendo
PARTICIPIO	PRESENTE	attingente	avente	bevente	cadente
	PASSATO	attinto	avuto	bevuto	caduto
INFINITO	PRESENTE	attingere	avere	bere	cadere
	PASSATO	avere attinto	avere avuto	avere bevuto	essere caduto

	VERBO	CHIEDERE 묻다, 요청하다	CHIUDERE 닫다	CINGERE 허리에 차다, 둘러싸다	COGLIERE (꽃, 과일)떼어내다, 쏘다,(의미)포착하다
INDICATIVO	PRESENTE	chiedo chiedi chiede chiediamo chiedete chiedono	chiudo chiudi chiude chiudiamo chiudete chiudono	cingo cingi cinge cingiamo cingete cingono	colgo cogli coglie cogliamo cogliete colgono
	IMPERFETTO	chiedevo chiedevi chiedeva chiedevamo chiedevate chiedevano	chiudevo chiudevi chiudeva chiudevamo chiudevate chiudevano	cingevo cingevi cingeva cingevamo cingevate cingevano	coglievo coglievi coglieva coglievamo coglievate coglievano
	PASSATO REMOTO	chiesi chiedesti chiese chiedemmo chiedeste chiesero	chiusi chiudesti chiuse chiudemmo chiudeste chiusero	cinsi cingesti cinse cingemmo cingeste cinsero	colsi cogliesti colse cogliemmo coglieste colsero
	FUTURO SEMPLICE	chiederò chiederai chiederà chiederemo chiederete chiederanno	chiuderò chiuderai chiuderà chiuderemo chiuderete chiuderanno	cingerò cingerai cingerà cingeremo cingerete cingeranno	coglierò coglierai coglierà coglieremo coglierete coglieranno
CONGIUNTIVO	PRESENTE	chieda chieda chieda chiediamo chiediate chiedano	chiuda chiuda chiuda chiudiamo chiudiate chiudano	cinga cinga cinga cingiamo cingiate cingano	colga colga colga cogliamo cogliate colgano
	IMPERFETTO	chiedessi chiedessi chiedesse chiedessimo chiedeste chiedessero	chiudessi chiudessi chiudesse chiudessimo chiudeste chiudessero	cingessi cingessi cingesse cingessimo cingeste cingessero	cogliessi cogliessi cogliesse cogliessimo coglieste cogliessero
CONDIZIONALE	PRESENTE	chiederei chiederesti chiederebbe chiederemmo chiedereste chiederebbero	chiuderei chiuderesti chiuderebbe chiuderemmo chiudereste chiuderebbero	cingerei cingeresti cingerebbe cingeremmo cingereste cingerebbero	coglierei coglieresti coglierebbe coglieremmo cogliereste coglierebbero
IMPERATIVO		— chiedi chieda chiediamo chiedete chiedano	— chiudi chiuda chiudiamo chiudete chiudano	— cingi cinga cingiamo cingete cingano	— cogli colga cogliamo cogliete colgano
GERUNDIO		chiedendo	chiudendo	cingendo	cogliendo
PARTICIPIO	PRESENTE	chiedente	chiudente	cingente	cogliente
	PASSATO	chiesto	chiuso	cinto	colto
INFINITO	PRESENTE	chiedere	chiudere	cingere	cogliere
	PASSATO	avere chiesto	avere chiuso	avere cinto	avere colto

	VERBO	COMPRIMERE 짓누르다, 억압하다	CONCEDERE 양보(승인)하다,	CONDURRE 안내(인솔)하다	CONOSCERE 알다, 이해하다
INDICATIVO	PRESENTE	comprimo comprimi comprime comprimiamo comprimete comprimono	concedo concedi concede concediamo concedete concedono	conduco conduci conduce conduciamo conducete conducono	conosco conosci conosce conosciamo conoscete conoscono
	IMPERFETTO	comprimevo comprimevi comprimeva comprimevamo comprimevate comprimevano	concedevo concedevi concedeva concedevamo concedevate concedevano	conducevo conducevi conduceva conducevamo conducevate conducevano	conoscevo conoscevi conosceva conoscevamo conoscevate conoscevano
	PASSATO REMOTO	compressi comprimesti compresse comprimemmo comprimeste compressero	concessi concedesti concesse concedemmo concedeste concessero	condussi conducesti condusse conducemmo conduceste condussero	conobbi conoscesti conobbe conoscemmo conosceste conobbero
	FUTURO SEMPLICE	comprimerò comprimerai comprimerà comprimeremo comprimerete comprimeranno	concederò concederai concederà concederemo concederete concederanno	condurrò condurrai condurrà condurremo condurrete condurranno	conoscerò conoscerai conoscerà conosceremo conoscerete conosceranno
CONGIUNTIVO	PRESENTE	comprima comprima comprima comprimiamo comprimiate comprimano	conceda conceda conceda concediamo concediate concedano	conduca conduca conduca conduciamo conduciate conducano	conosca conosca conosca conosciamo conosciate conoscano
	IMPERFETTO	comprimessi comprimessi comprimesse comprimessimo comprimeste comprimessero	concedessi concedessi concedesse concedessimo concedeste concedessero	conducessi conducessi conducesse conducessimo conduceste conducessero	conoscessi conoscessi conoscesse conoscessimo conosceste conoscessero
CONDIZIONALE	PRESENTE	comprimerei comprimeresti comprimerebbe comprimeremmo comprimereste comprimerebbero	concederei concederesti concederebbe concederemmo concedereste concederebbero	condurrei condurresti condurrebbe condurremmo condurreste condurrebbero	conoscerei conosceresti conoscerebbe conosceremmo conoscereste conoscerebbero
IMPERATIVO		— comprimi comprima comprimiamo comprimete comprimano	— concedi conceda concediamo concedete concedano	— conduci conduca conduciamo conducete conducano	— conosci conosca conosciamo conoscete conoscano
GERUNDIO		comprimendo	concedendo	conducendo	conoscendo
PARTICIPIO	PRESENTE	comprimente	concedente	conducente	conoscente
	PASSATO	compresso	concesso	condotto	conosciuto
INFINITO	PRESENTE	comprimere	concedere	condurre	conoscere
	PASSATO	avere compresso	avere concesso	avere condotto	avere conosciuto

	VERBO	CONTUNDERE 타박상을 입히다	CONVERGERE (한 중심으로)모이다	CORRERE 달리다	CRESCERE 성장하다
INDICATIVO	PRESENTE	contundo contundi contunde contundiamo contundete contundono	convergo convergi converge convergiamo convergete convergono	corro corri corre corriamo correte corrono	cresco cresci cresce cresciamo crescete crescono
	IMPERFETTO	contundevo contundevi contundeva contundevamo contundevate contundevano	convergevo convergevi convergeva convergevamo convergevate convergevano	correvo correvi correva correvamo correvate correvano	crescevo crescevi cresceva crescevamo crescevate crescevano
	PASSATO REMOTO	contusi contundesti contuse contundemmo contundeste contusero	conversi convergesti converse convergemmo convergeste conversero	corsi corresti corse corremmo correste corsero	crebbi crescesti crebbe crescemmo cresceste crebbero
	FUTURO SEMPLICE	contunderò contunderai contunderà contunderemo contunderete contunderanno	convergerò convergerai convergerà convergeremo convergerete convergeranno	correrò correrai correrà correremo correrete correranno	crescerò crescerai crescerà cresceremo crescerete cresceranno
CONGIUNTIVO	PRESENTE	contunda contunda contunda contundiamo contundiate contundano	converga converga converga convergiamo convergiate convergano	corra corra corra corriamo corriate corrano	cresca cresca cresca cresciamo cresciate crescano
	IMPERFETTO	contundessi contundessi contundesse contundessimo contundeste contundessero	convergessi convergessi convergesse convergessimo convergeste convergessero	corressi corressi corresse corressimo correste corressero	crescessi crescessi crescesse crescessimo cresceste crescessero
CONDIZIONALE	PRESENTE	contunderei contunderesti contunderebbe contunderemmo contundereste contunderebbero	convergerei convergeresti convergerebbe convergeremmo convergereste convergerebbero	correrei correresti correrebbe correremmo correreste correrebbero	crescerei cresceresti crescerebbe cresceremmo crescereste crescerebbero
IMPERATIVO		— contundi contunda contundiamo contundete contundano	— convergi converga convergiamo convergete convergano	— corri corra corriamo correte corrano	— cresci cresca cresciamo crescete crescano
GERUNDIO		contundendo	convergendo	correndo	crescendo
PARTICIPIO	PRESENTE	contundente	convergente	corrente	crescente
	PASSATO	contuso	converso	corso	cresciuto
INFINITO	PRESENTE	contundere	convergere	correre	crescere
	PASSATO	avere contuso	avere converso	avere corso	avere cresciuto

	VERBO	CUCIRE 바느질하다	CUOCERE 요리하다	DARE 주다	DECIDERE 결정하다
INDICATIVO	PRESENTE	cucio cuci cuce cuciamo cucite cuciono	cuocio cuoci cuoce cuociamo cuocete cuociono	do dai dà diamo date danno	decido decidi decide decidiamo decidete decidono
	IMPERFETTO	cucivo cucivi cuciva cucivamo cucivate cucivano	cuocevo cuocevi cuoceva cuocevamo cuocevate cuocevano	davo davi dava davamo davate davano	decidevo decidevi decideva decidevamo decidevate decidevano
	PASSATO REMOTO	cucii cucisti cucì cucimmo cuciste cucirono	cossi cuocesti cosse cuocemmo cuoceste cossero	diedi desti diede demmo deste diedero	decisi decidesti decise decidemmo decideste decisero
	FUTURO SEMPLICE	cucirò cucirai cucirà cuciremo cucirete cuciranno	cuocerò cuocerai cuocerà cuoceremo cuocerete cuoceranno	darò darai darà daremo darete daranno	deciderò deciderai deciderà decideremo deciderete decideranno
CONGIUNTIVO	PRESENTE	cucia cucia cucia cuciamo cuciate cuciano	cuocia cuocia cuocia cuociamo cuociate cuociano	dia dia cdia diamo diate diano	decida decida decida decidiamo decidiate decidano
	IMPERFETTO	cucissi cucissi cucisse cucissimo cuciste cucissero	cuocessi cuocessi cuocesse cuocessimo cuoceste cuocessero	dessi dessi desse dessimo deste dessero	decidessi decidessi decidesse decidessimo decideste decidessero
CONDIZIONALE	PRESENTE	cucirei cuciresti cucirebbe cuciremmo cucireste cucirebbero	cuocerei cuoceresti cuocerebbe cuoceremmo cuocereste cuocerebbero	darei daresti darebbe daremmo dareste darebbero	deciderei decideresti deciderebbe decideremmo decidereste deciderebbero
IMPERATIVO		— cuci cucia cuciamo cucite cuciano	— cuoci cuocia cuociamo cuocete cuociano	— dà dia diamo date diano	— decidi decida decidiamo decidete decidano
GERUNDIO		cucendo	cocendo	dando	decidendo
PARTICIPIO	PRESENTE	cucente	cocente	dante	decidente
	PASSATO	cucito	cotto	dato	deciso
INFINITO	PRESENTE	cucire	cuocere	dare	decidere
	PASSATO	avere cucito	avere cotto	avere dato	avere deciso

		VERBO	DEVOLVERE 양도(이양)하다	DIFENDERE 방어하다	DIPINGERE 그리다, 색칠하다	DIRE 말하다
INDICATIVO	PRESENTE		devolvo	difendo	dipingo	dico
			devolvi	difendi	dipingi	dici
			devolve	difende	dipinge	dice
			devolviamo	difendiamo	dipingiamo	diciamo
			devolvete	difendete	dipingete	dite
			devolvono	difendono	dipingono	dicono
	IMPERFETTO		devolvevo	difendevo	dipingevo	dicevo
			devolvevi	difendevi	dipingevi	dicevi
			devolveva	difendeva	dipingeva	diceva
			devolvevamo	difendevamo	dipingevamo	dicevamo
			devolvevate	difendevate	dipingevate	dicevate
			devolvevano	difendevano	dipingevano	dicevano
	PASSATO REMOTO		devolvei	difesi	dipinsi	dissi
			devolvesti	difendesti	dipingesti	dicesti
			devolvé	difese	dipinse	disse
			devolvemmo	difendemmo	dipingemmo	dicemmo
			devolveste	difendeste	dipingeste	diceste
			devolverono	difesero	dipinsero	dissero
	FUTURO SEMPLICE		devolverò	difenderò	dipinsi	dirò
			devolverai	difenderai	dipingesti	dirai
			devolverà	difenderà	dipinse	dirà
			devolveremo	difenderemo	dipingemmo	diremo
			devolverete	difenderete	dipingeste	direte
			devolveranno	difenderanno	dipinsero	diranno
CONGIUNTIVO	PRESENTE		devolva	difenda	dipinga	dica
			devolva	difenda	dipinga	dica
			devolva	difenda	dipinga	dica
			devolviamo	difendiamo	dipingiamo	diciamo
			devolviate	difendiate	dipingiate	diciate
			devolvano	difendano	dipingano	dicano
	IMPERFETTO		devolvessi	difendessi	dipingessi	dicessi
			devolvessi	difendessi	dipingessi	dicessi
			devolvesse	difendesse	dipingesse	dicesse
			devolvessimo	difendessimo	dipingessimo	dicessimo
			devolveste	difendeste	dipingeste	diceste
			devolvessero	difendessero	dipingessero	dicessero
CONDIZIONALE	PRESENTE		devolverei	difenderei	dipingerei	direi
			devolveresti	difenderesti	dipingeresti	diresti
			devolverebbe	difenderebbe	dipingerebbe	direbbe
			devolveremmo	difenderemmo	dipingeremmo	diremmo
			devolvereste	difendereste	dipingereste	direste
			devolverebbero	difenderebbero	dipingerebbero	direbbero
IMPERATIVO			—	—	—	—
			devolvi	difendi	dipingi	dì
			devolva	difenda	dipinga	dica
			devolviamo	difendiamo	dipingiamo	diciamo
			devolvete	difendete	dipingete	dite
			devolvano	difendano	dipingano	dicano
GERUNDIO			devolvendo	difendendo	dipingendo	dicendo
PARTICIPIO	PRESENTE		devolvendo	difendente	dipingente	dicente
	PASSATO		devolvuto	difeso	dipinto	detto
INFINITO	PRESENTE		devolvere	difendere	dipingere	dire
	PASSATO		avere devolvuto	avere difeso	avere dipinto	avere detto

	VERBO	DIRIGERE 관리(감독)하다 ~로 향하다	DISCUTERE 토론하다	DISTINGUERE 구별하다	DIVIDERE 나누다
INDICATIVO	PRESENTE	dirigo dirigi dirige dirigiamo dirigete dirigono	discuto discuti discute discutiamo discutete discutono	distinguo distingui distingue distinguiamo distinguete distinguono	divido dividi divide dividiamo dividete dividono
	IMPERFETTO	dirigevo dirigevi dirigeva dirigevamo dirigevate dirigevano	discutevo discutevi discuteva discutevamo discutevate discutevano	distinguevo distinguevi distingueva distinguevamo distinguevate distinguevano	dividevo dividevi divideva dividevamo dividevate dividevano
	PASSATO REMOTO	diressi dirigesti diresse dirigemmo dirigeste diressero	discussi discutesti discusse discutemmo discuteste discussero	distinsi distinguesti distinse distinguemmo distingueste distinsero	divisi dividesti divise dividemmo divideste divisero
	FUTURO SEMPLICE	dirigerò dirigerai dirigerà dirigeremo dirigerete dirigeranno	discuterò discuterai discuterà discuteremo discuterete discuteranno	distinguerò distinguerai distinguerà distingueremo distinguerete distingueranno	dividerò dividerai dividerà divideremo dividerete divideranno
CONGIUNTIVO	PRESENTE	diriga diriga diriga dirigiamo dirigiate dirigano	discuta discuta discuta discutiamo discutiate discutano	distingua distingua distingua distinguiamo distinguiate distinguano	divida divida divida dividiamo dividiate dividano
	IMPERFETTO	dirigessi dirigessi dirigesse dirigessimo dirigeste dirigessero	discutessi discutessi discutesse discutessimo discuteste discutessero	distinguessi distinguessi distinguesse distinguessimo distingueste distinguessero	dividessi dividessi dividesse dividessimo divideste dividessero
CONDIZIONALE	PRESENTE	dirigerei dirigeresti dirigerebbe dirigeremmo dirigereste dirigerebbero	discuterei discuteresti discuterebbe discuteremmo discutereste discuterebbero	distinguerei distingueresti distinguerebbe distingueremmo distinguereste distinguerebbero	dividerei divideresti dividerebbe divideremmo dividereste dividerebbero
IMPERATIVO		— dirigi diriga dirigiamo dirigete dirigano	— discuti discuta discutiamo discutete discutano	— distingui distingua distinguiamo distinguete distinguano	— dividi divida dividiamo dividete dividano
GERUNDIO		dirigendo	discutendo	distinguendo	dividendo
PARTICIPIO	PRESENTE	dirigente	discutente	distinguente	dividente
	PASSATO	diretto	discusso	distinto	diviso
INFINITO	PRESENTE	dirigere	discutere	distinguere	dividere
	PASSATO	dirigere	discutere	distinguere	avere diviso

	VERBO	DOLERE(DOLERSI) 아프다, 애석해하다	DOVERE ~해야한다	ECCELLERE 뛰어나다	EMERGERE 나타나다, 부상하다
INDICATIVO	**PRESENTE**	mi dolgo	devo	eccello	emergo
		ti duoli	devi	eccelli	emergi
		si duole	deve	eccelle	emerge
		ci doliamo	dobbiamo	eccelliamo	emergiamo
		vi dolete	dovete	eccellete	emergete
		si dolgono	devono	eccellono	emergono
	IMPERFETTO	mi dolevo	dovevo	eccellevo	emergevo
		ti dolevi	dovevi	eccellevi	emergevi
		si doleva	doveva	eccelleva	emergeva
		ci dolevamo	dovevamo	eccellevamo	emergevamo
		vi dolevate	dovevate	eccellevate	emergevate
		si dolevano	dovevano	eccellevano	emergevano
	PASSATO REMOTO	mi dolsi	dovei	eccelsi	emersi
		ti dolesti	tu dovesti	eccellesti	emergesti
		si dolse	dovette	eccelse	emerse
		ci dolemmo	dovemmo	eccellemmo	emergemmo
		vi doleste	doveste	eccelleste	emergeste
		si dolsero	dovettero	eccelsero	emersero
	FUTURO SEMPLICE	mi dorrò	dovrò	eccellerò	emergerò
		ti dorrai	dovrai	eccellerai	emergerai
		si dorrà	dovrà	eccellerà	emergerà
		ci dorremo	dovremo	eccelleremo	emergeremo
		vi dorrete	dovrete	eccellerete	emergerete
		si dorranno	dovranno	eccelleranno	emergeranno
CONGIUNTIVO	**PRESENTE**	mi dolga	deva	eccella	emerga
		ti dolga	deva	eccella	emerga
		si dolga	deva	eccella	emerga
		ci doliamo	dobbiamo	eccelliamo	emergiamo
		vi doliate	dobbiate	eccelliate	emergiate
		si dolgano	devano	eccellano	emergano
	IMPERFETTO	mi dolessi	dovessi	eccellessi	emergessi
		ti dolessi	dovessi	eccellessi	emergessi
		si dolesse	dovesse	eccellesse	emergesse
		ci dolessimo	dovessimo	eccellessimo	emergessimo
		vi doleste	doveste	eccelleste	emergeste
		si dolessero	dovessero	eccellessero	emergessero
CONDIZIONALE	**PRESENTE**	mi dorrei	dovrei	eccellerei	emergerei
		ti dorresti	dovresti	tueccelleresti	emergeresti
		si dorrebbe	dovrebbe	eccellerebbe	emergerebbe
		ci dorremmo	dovremmo	eccelleremmo	emergeremmo
		vi dorreste	dovreste	eccellereste	emergereste
		si dorrebbero	dovrebbero	eccellerebbero	emergerebbero
IMPERATIVO		—		—	—
		duoliti		eccelli	emergi
		si dolga	/	eccelga	emerga
		doliamoci		eccelliamo	emergiamo
		doletevi		eccellete	emergete
		si dolgano		eccellano	emergano
GERUNDIO		dolendosi	dovendo	eccellendo	emergendo
PARTICIPIO	PRESENTE	dolentesi	/	eccellente	emergente
	PASSATO	dolutosi	dovuto	eccelso	emerso
INFINITO	PRESENTE	doleresi	dovere	eccellere	emergere
	PASSATO	essersi doluto	avere dovuto	avere eccelso	essere emerso

	VERBO	ESISTERE 존재하다	ESPELLERE 추방하다	ESPLODERE 폭발하다	ESSERE ~이다, ~이 있다
INDICATIVO	PRESENTE	esisto esisti esiste esistiamo esistete esistono	espello espelli espelle espelliamo espellete espellono	esplodo esplodi esplode esplodiamo esplodete esplodono	sono tsei è siamo siete sono
	IMPERFETTO	esistevo esistevi esisteva esistevamo esistevate esistevano	espellevo tespellevi espelleva espellevamo espellevate espellevano	esplodevo esplodevi esplodeva esplodevamo esplodevate esplodevano	ero eri era eravamo eravate erano
	PASSATO REMOTO	esistei esistesti esisté esistemmo esisteste esisterono	espulsi espellesti espulse espellemmo espelleste espulsero	esplosi esplodesti esplose esplodemmo esplodeste esplosero	fui fosti fu fummo foste furono
	FUTURO SEMPLICE	esisterò esisterai esisterà esisteremo esisterete esisteranno	espellerò espellerai espellerà espelleremo espellerete espelleranno	esploderò esploderai esploderà esploderemo esploderete esploderanno	sarò sarai sarà saremo sarete saranno
CONGIUNTIVO	PRESENTE	esista esista esista esistiamo esistiate esistano	espella espella espella espelliamo espelliate espellano	esploda esploda esploda esplodiamo esplodiate esplodano	sia sia sia siamo siate siano
	IMPERFETTO	esistessi esistessi esistesse esistessimo esisteste esistessero	espellessi espellessi espellesse espellessimo espelleste espellessero	esplodessi esplodessi esplodesse esplodessimo esplodeste esplodessero	fossi fossi fosse fossimo foste fossero
CONDIZIONALE	PRESENTE	esisterei esisteresti esisterebbe esisteremmo esistereste esisterebbero	espellerei espelleresti espellerebbe espelleremmo espellereste espellerebbero	esploderei esploderesti esploderebbe esploderemmo esplodereste esploderebbero	sarei saresti sarebbe saremmo sareste sarebbero
IMPERATIVO		— esisti esista esistiamo esistete esistano	— espelli espella espelliamo espellete espellano	— esplodi esploda esplodiamo esplodete esplodano	— sii sia siamo siate siano
GERUNDIO		esistendo	espellendo	esplodendo	essendo
PARTICIPIO	PRESENTE	esistente	espellente	esplodente	ente
	PASSATO	esistito	espulso	esploso	stato
INFINITO	PRESENTE	esistere	espellere	esplodere	essere
	PASSATO	essere esistito	avere espulso	avere esploso	essere stato

	VERBO	ESTINGUERE (화재)진화시키다, 소멸시키다	EVADERE 도망치다, 탈세하다	FARE 하다	FIGGERE 박다, 고정시키다
INDICATIVO	PRESENTE	estinguo estingui estingue estinguiamo estinguete estinguono	evado evadi evade evadiamo evadete evadono	faccio fai fa facciamo fate fanno	figgo figgi figge figgiamo figgete figgono
	IMPERFETTO	estinguevo estinguevi estingueva estinguevamo estinguevate estinguevano	evadevo evadevi evadeva evadevamo evadevate evadevano	facevo facevi faceva facevamo facevate facevano	figgevo figgevi figgeva figgevamo figgevate figgevano
	PASSATO REMOTO	estinsi estinguesti estinse estinguemmo estingueste estinsero	evasi evadesti evase evademmo evadeste evasero	feci facesti fece facemmo faceste fecero	fissi figgesti fisse figgemmo figgeste fissero
	FUTURO SEMPLICE	estinguerò estinguerai estinguerà estingueremo estinguerete estingueranno	evaderò evaderai evaderà evaderemo evaderete evaderanno	farò farai farà faremo farete faranno	figgerò figgerai figgerà figgeremo figgerete figgeranno
CONGIUNTIVO	PRESENTE	estingua estingua estingua estinguiamo estinguiate estinguano	evada evada evada evadiamo evadiate evadano	faccia faccia faccia facciamo facciate facciano	figga figga figga figgiamo figgiate figgano
	IMPERFETTO	estinguessi estinguessi estinguesse estinguessimo estingueste estinguessero	evadessi evadessi evadesse evadessimo evadeste evadessero	facessi facessi facesse facessimo faceste facessero	figgessi figgessi figgesse figgessimo figgeste figgessero
CONDIZIONALE	PRESENTE	estinguerei estingueresti estinguerebbe estingueremmo estinguereste estinguerebbero	evaderei evaderesti evaderebbe evaderemmo evadereste evaderebbero	farei faresti farebbe faremmo fareste farebbero	figgerei figgeresti figgerebbe figgeremmo figgereste figgerebbero
IMPERATIVO		— estingui estingua estinguiamo estinguete estinguano	— evadi evada evadiamo evadete evadano	— fai, fa' faccia facciamo fate facciano	— figgi figga figgiamo figgete figgano
GERUNDIO		estinguendo	evadendo	facendo	figgendo
PARTICIPIO	PRESENTE	estinguente	evadente	facente	figgente
	PASSATO	estinto	evaso	fatto	fitto
INFINITO	PRESENTE	estinguere	evadere	fare	figgere
	PASSATO	avere estinto	avere evaso	avere fatto	avere fitto

	VERBO	FINGERE ~척하다	FLETTERE 굴복시키다	FONDERE 녹이다	FRANGERE 부러뜨리다, 망가뜨리다
INDICATIVO	PRESENTE	fingo fingi finge fingete fingono	fletto fletti flette flettiamo flettete flettono	fondo fondi fonde fondiamo fondete fondono	frango frangi frange frangiamo frangete frangono
	IMPERFETTO	fingevo fingevi fingeva fingevamo fingevate fingevano	flettevo flettevi fletteva flettevamo flettevate flettevano	fondevo fondevi fondeva fondevamo fondevate fondevano	frangevo frangevi frangeva frangevamo frangevate frangevano
	PASSATO REMOTO	finsi fingesti finse fingemmo fingeste finsero	flettei flettesti fletté flettemmo fletteste fletterono	fusi fondesti fuse fondemmo fondeste fusero	fransi frangesti franse frangemmo frangeste fransero
	FUTURO SEMPLICE	fingerò fingerai fingerà fingeremo fingerete fingeranno	fletterò fletterai fletterà fletteremo fletterete fletteranno	fonderò fonderai fonderà fonderemo fonderete fonderanno	frangerò frangerai frangerà frangeremo frangerete frangeranno
CONGIUNTIVO	PRESENTE	finga finga finga fingiamo fingiate fingano	fletta fletta fletta flettiamo flettiate flettano	fonda fonda fonda fondiamo fondiate fondano	franga franga franga frangiamo frangiate frangano
	IMPERFETTO	fingessi fingessi fingesse fingessimo fingeste fingessero	flettessi flettessi flettesse flettessimo fletteste flettessero	fondessi fondessi fondesse fondessimo fondeste fondessero	frangessi frangessi frangesse frangessimo frangeste frangessero
CONDIZIONALE	PRESENTE	fingerei fingeresti fingerebbe fingeremmo fingereste fingerebbero	fletterei fletteresti fletterebbe fletteremmo flettereste fletterebbero	fonderei fonderesti fonderebbe fonderemmo fondereste fonderebbero	frangerei frangeresti frangerebbe frangeremmo frangereste frangerebbero
IMPERATIVO		— fingi finga fingiamo fingete fingano	— fletti fletta flettiamo flettete flettano	— fondi fonda fondiamo fondete fondano	— frangi franga frangiamo frangete frangano
GERUNDIO		fingendo	flettendo	fondendo	frangendo
PARTICIPIO	PRESENTE	fingente	flettente	fondente	frangente
	PASSATO	finto	flesso	fuso	franto
INFINITO	PRESENTE	fingere	flettere	fondere	frangere
	PASSATO	avere finto	avere flesso	avere fuso	avere franto

	VERBO	FRIGGERE 튀기다	FUNGERE 대신(대행)하다	GIACERE 구부리다, 엎드리다	GIUNGERE 도달하다
INDICATIVO	PRESENTE	friggo friggi frigge friggiamo friggete friggono	fungo fungi funge fungiamo fungete fungono	giaccio giaci giace giacciamo giacete giacciono	giungo giungi giunge giungiamo giungete giungono
	IMPERFETTO	friggevo friggevi friggeva friggevamo friggevate friggevano	fungevo fungevi fungeva fungevamo fungevate fungevano	giacevo giacevi giaceva giacevamo giacevate giacevano	giungevo giungevi giungeva giungevamo giungevate giungevano
	PASSATO REMOTO	frissi friggesti frisse friggemmo friggeste frissero	funsi fungesti funse fungemmo fungeste funsero	giacqui giacesti giacque giacemmo giaceste giacquero	giunsi giungesti giunse giungemmo giungeste giunsero
	FUTURO SEMPLICE	friggerò friggerai friggerà friggeremo friggerete friggeranno	fungerò fungerai fungerà fungeremo fungerete fungeranno	giacerò giacerai giacerà giaceremo giacerete giaceranno	giungerò giungerai giungerà giungeremo giungerete giungeranno
CONGIUNTIVO	PRESENTE	frigga frigga frigga friggiamo friggiate friggano	funga funga funga fungiamo fungiate fungano	giaccia giaccia giaccia giacciamo giacciate giacciano	giunga giunga giunga giungiamo giungiate giungano
	IMPERFETTO	friggessi friggessi friggesse friggessimo friggeste friggessero	fungessi fungessi fungesse fungessimo fungeste fungessero	giacessi giacessi giacesse giacessimo giaceste giacessero	giungessi giungessi giungesse giungessimo giungeste giungessero
CONDIZIONALE	PRESENTE	friggerei friggeresti friggerebbe friggeremmo friggereste friggerebbero	fungerei fungeresti fungerebbe fungeremmo fungereste fungerebbero	giacerei giaceresti giacerebbe giaceremmo giacereste giacerebbero	giungerei giungeresti giungerebbe giungeremmo giungereste giungerebbero
IMPERATIVO		— friggi frigga friggiamo friggete friggano	— fungi funga fungiamo fungete fungano	— giaci giaccia giacciamo giacete giacciano	— giungi giunga giungiamo giungete giungano
GERUNDIO		friggendo	fungendo	giacendo	giungendo
PARTICIPIO	PRESENTE	friggente	fungente	giacente	giungente
	PASSATO	fritto	funto	giaciuto	giunto
INFINITO	PRESENTE	friggere	fungere	giacere	giungere
	PASSATO	avere fritto	avere funto	avere giaciuto	avere giunto

	VERBO	GODERE 즐기다	INDULGERE 너그럽게 봐주다	INTRIDERE 적시다	INVADERE 침입하다
INDICATIVO	PRESENTE	godo godi gode godiamo godete godono	indulgo indulgi indulge indulgiamo indulgete indulgono	intrido intridi intride intridiamo intridete intridono	invado invadi invade invadiamo invadete invadono
	IMPERFETTO	godevo godevi godeva godevamo godevate godevano	indulgevo indulgevi indulgeva indulgevamo indulgevate indulgevano	intridevo intridevi intrideva intridevamo intridevate intridevano	invadevo invadevi invadeva invadevamo invadevate invadevano
	PASSATO REMOTO	godei godesti godette godemmo godeste godettero	indulsi indulgesti indulse indulgemmo indulgeste indulsero	intrisi intridesti intrise intridemmo intrideste intrisero	invasi invadesti invase invademmo invadeste invasero
	FUTURO SEMPLICE	godrò godrai godrà godremo godrete godranno	indulgerò indulgerai indulgerà indulgeremo indulgerete indulgeranno	intriderò intriderai intriderà intrideremo intriderete intrideranno	invaderò invaderai invaderà invaderemo invaderete invaderanno
CONGIUNTIVO	PRESENTE	goda goda goda godiamo godiate godano	indulga indulga indulga indulgiamo indulgiate indulgano	intrida intrida intrida intridiamo intridiate intridano	invada invada invada invadiamo invadiate invadano
	IMPERFETTO	godessi godessi godesse godessimo godeste godessero	indulgessi indulgessi indulgesse indulgessimo indulgeste indulgessero	intridessi intridessi intridesse intridessimo intrideste intridessero	invadessi invadessi invadesse invadessimo invadeste invadessero
CONDIZIONALE	PRESENTE	godrei godresti godrebbe godremmo godreste godrebbero	indulgerei indulgeresti indulgerebbe indulgeremmo indulgereste indulgerebbero	intriderei intrideresti intriderebbe intrideremmo intridereste intriderebbero	invaderei invaderesti invaderebbe invaderemmo invadereste invaderebbero
IMPERATIVO		— godi goda godiamo godete godano	— indulgi indulga indulgiamo indulgete indulgano	— intridi intrida intridiamo intridete intridano	— invadi invada invadiamo invadete invadano
GERUNDIO		godendo	indulgendo	intridendo	invadendo
PARTICIPIO	PRESENTE	godente	indulgente	intridente	invadente
	PASSATO	goduto	indulto	intriso	invaso
INFINITO	PRESENTE	godere	indulgere	intridere	invadere
	PASSATO	avere goduto	avere indulto	avere intriso	avere invaso

		LEDERE 해를 입히다	LEGGERE 읽다	METTERE 두다, 놓다	MORDERE 깨물다
	VERBO				
INDICATIVO	PRESENTE	ledo ledi lede lediamo ledete ledono	leggo leggi legge leggiamo leggete leggono	metto metti mette mettiamo mettete mettono	mordo mordi morde mordiamo mordete mordono
	IMPERFETTO	ledevo ledevi ledeva ledevamo ledevate ledevano	leggevo leggevi leggeva leggevamo leggevate leggevano	mettevo mettevi metteva mettevamo mettevate mettevano	mordevo mordevi mordeva mordevamo mordevate mordevano
	PASSATO REMOTO	lesi ledesti lese ledemmo ledeste lesero	lessi leggesti lesse leggemmo leggeste lessero	misi mettesti mise mettemmo metteste misero	morsi mordesti morse mordemmo mordeste morsero
	FUTURO SEMPLICE	County derò lederai lederà lederemo lederete lederanno	leggerò leggerai leggerà leggeremo leggerete leggeranno	metterò metterai metterà metteremo metterete metteranno	morderò morderai morderà morderemo morderete morderanno
CONGIUNTIVO	PRESENTE	leda leda leda lediamo lediate ledano	legga legga legga leggiamo leggiate leggano	metta metta metta mettiamo mettiate mettano	morda morda morda mordiamo mordiate mordano
	IMPERFETTO	ledessi ledessi ledesse ledessimo ledeste ledessero	leggessi leggessi leggesse leggessimo leggeste leggessero	mettessi mettessi mettesse mettessimo metteste mettessero	mordessi mordessi mordesse mordessimo mordeste mordessero
CONDIZIONALE	PRESENTE	County derei lederesti lederebbe lederemmo ledereste lederebbero	leggerei leggeresti leggerebbe leggeremmo leggereste leggerebbero	metterei metteresti metterebbe metteremmo mettereste metterebbero	morderei morderesti morderebbe morderemmo mordereste morderebbero
IMPERATIVO		— ledi leda lediamo ledete ledano	— leggi legga leggiamo leggete leggano	— metti metta mettiamo mettete mettano	— mordi morda mordiamo mordete mordano
GERUNDIO		ledendo	leggendo	mettendo	mordendo
PARTICIPIO	PRESENTE	ledente	leggente	mettente	mordente
	PASSATO	leso	letto	messo	morso
INFINITO	PRESENTE	ledere	leggere	mettere	mordere
	PASSATO	avere leso	avere letto	avere messo	avere morso

	VERBO	MORIRE 죽다	MUNGERE 젖을 짜다	MUOVERE 움직이다	NASCERE 태어나다
INDICATIVO	PRESENTE	muoio	mungo	muovo	nasco
		muori	mungi	muovi	nasci
		muore	munge	muove	nasce
		moriamo	mungiamo	muoviamo	nasciamo
		morite	mungete	muovete	nascete
		muoiono	mungono	muovono	nascono
	IMPERFETTO	morivo	mungevo	muovevo	nascevo
		morivi	mungevi	muovevi	nascevi
		moriva	mungeva	muoveva	nasceva
		morivamo	mungevamo	muovevamo	nascevamo
		morivate	mungevate	muovevate	nascevate
		morivano	mungevano	muovevano	nascevano
	PASSATO REMOTO	morii	munsi	mossi	nacqui
		moristi	mungesti	muovesti	nascesti
		morì	munse	mosse	nacque
		morimmo	mungemmo	muovemmo	nascemmo
		moriste	mungeste	muoveste	nasceste
		morirono	munsero	mossero	nacquero
	FUTURO SEMPLICE	morirò	mungerò	muoverò	nascerò
		morirai	mungerai	muoverai	nascerai
		morirà	mungerà	muoverà	nascerà
		moriremo	mungeremo	muoveremo	nasceremo
		morirete	mungerete	muoverete	nascerete
		moriranno	mungeranno	muoveranno	nasceranno
CONGIUNTIVO	PRESENTE	muoia	munga	muova	nasca
		muoia	munga	muova	nasca
		muoia	munga	muova	nasca
		moriamo	mungiamo	muoviamo	nasciamo
		moriate	mungiate	muoviate	nasciate
		muoiano	mungano	muovano	nascano
	IMPERFETTO	morissi	mungessi	muovessi	nascessi
		morissi	mungessi	muovessi	nascessi
		morisse	mungesse	muovesse	nascesse
		morissimo	mungessimo	muovessimo	nascessimo
		moriste	mungeste	muoveste	nasceste
		morissero	mungessero	muovessero	nascessero
CONDIZIONALE	PRESENTE	morirei	mungerei	muoverei	nascerei
		moriresti	mungeresti	muoveresti	nasceresti
		morirebbe	mungerebbe	muoverebbe	nascerebbe
		moriremmo	mungeremmo	muoveremmo	nasceremmo
		morireste	mungereste	muovereste	nascereste
		morirebbero	mungerebbero	muoverebbero	nascerebbero
IMPERATIVO		—	—	—	—
		muori	mungi	muovi	nasci
		muoia	munga	muova	nasca
		moriamo	mungiamo	muoviamo	nasciamo
		morite	mungete	muovete	nascete
		muoiano	mungano	muovano	nascano
GERUNDIO		morendo	mungendo	muovendo	nascendo
PARTICIPIO	PRESENTE	morente	mungente	movente	nascente
	PASSATO	morto	munto	mosso	nato
INFINITO	PRESENTE	morire	mungere	muovere	nascere
	PASSATO	essere morto	avere munto	avere mosso	essere nato

		NASCONDERE 감추다	NEGLIGERE 게으름 피우다	NUOCERE 해를 입히다	OFFRIRE 제공하다
	VERBO				
INDICATIVO	PRESENTE	nascondo	negligo	nuoccio	offro
		nascondi	negligi	nuoci	offri
		nasconde	neglige	nuoce	offre
		nascondiamo	negligiamo	nuociamo	offriamo
		nascondete	negligete	nuocete	offrite
		nascondono	negligono	nuocciono	offrono
	IMPERFETTO	nascondevo	negligevo	nuocevo	offrivo
		nascondevi	negligevi	nuocevi	offrivi
		nascondeva	negligeva	nuoceva	offriva
		nascondevamo	negligevamo	nuocevamo	offrivamo
		nascondevate	negligevate	nuocevate	offrivate
		nascondevano	negligevano	nuocevano	offrivano
	PASSATO REMOTO	nascosi	neglessi	nocqui	offrii,
		nascondesti	negligesti	nuocesti	offristi
		nascose	neglesse	nocque	offrì
		nascondemmo	negligemmo	nuocemmo	offrimmo
		nascondeste	negligeste	nuoceste	offriste
		nascosero	neglessero	nocquero	offrirono
	FUTURO SEMPLICE	nasconderò	negligerò	nuocerò	offrirò
		nasconderai	negligerai	nuocerai	offrirai
		nasconderà	negligerà	nuocerà	offrirà
		nasconderemo	negligeremo	nuoceremo	offriremo
		nasconderete	negligerete	nuocerete	offrirete
		nasconderanno	negligeranno	nuoceranno	offriranno
CONGIUNTIVO	PRESENTE	nasconda	—	nuoccia	offra
		nasconda	—	nuoccia	offra
		nasconda	—	nuoccia	offra
		nascondiamo	—	nuociamo	offriamo
		nascondiate	—	nuociate	offriate
		nascondano	—	nuocciano	offrano
	IMPERFETTO	nascondessi	negligessi	nuocessi	offrissi
		nascondessi	negligessi	nuocessi	offrissi
		nascondesse	negligesse	nuocesse	offrisse
		nascondessimo	negligessimo	nuocessimo	offrissimo
		nascondeste	negligeste	nuoceste	offriste
		nascondessero	negligessero	nuocessero	offrissero
CONDIZIONALE	PRESENTE	nasconderei	negligerei	nuocerei	offrirei
		nasconderesti	negligeresti	nuoceresti	offriresti
		nasconderebbe	negligerebbe	nuocerebbe	offrirebbe
		nasconderemmo	negligeremmo	nuoceremmo	offriremmo
		nascondereste	negligereste	nuocereste	offrireste
		nasconderebbero	negligerebbero	nuocerebbero	offrirebbero
IMPERATIVO		—	—	—	—
		nascondi	—	nuoci	offri
		nasconda	—	nuoccia	offra
		nascondiamo	—	nuociamo	offriamo
		nascondete	—	nuocete	offrite
		nascondano	—	nuocciano	offrano
GERUNDIO		nascondendo	negligendo	nuocendo	offrendo
PARTICIPIO	PRESENTE	nascondente	negligente	nuocente	offrente
	PASSATO	nascosto	negletto	nuociuto	offerto
INFINITO	PRESENTE	nascondere	negligere	nuocere	offrire
	PASSATO	avere nascosto	—	avere nuociuto	avere offerto

	VERBO	PARERE ~처럼 보이다	PERDERE 잃다	PERSUADERE 설득하다	PIACERE 마음에 들다
INDICATIVO	PRESENTE	paio pari pare paiamo parete paiono	perdo perdi perde perdiamo perdete perdono	persuado persuadi persuade persuadiamo persuadete persuadono	piaccio piaci piace piacciamo piacete piacciono
	IMPERFETTO	parevo parevi pareva parevamo parevate parevano	perdevo perdevi perdeva perdevamo perdevate perdevano	persuadevo persuadevi persuadeva persuadevamo persuadevate persuadevano	piacevo piacevi piaceva piacevamo piacevate piacevano
	PASSATO REMOTO	parvi paresti parve paremmo pareste parvero	persi perdesti perse perdemmo perdeste persero	persuasi persuadesti persuase persuademmo persuadeste persuasero	piacqui piacesti piacque piacemmo piaceste piacquero
	FUTURO SEMPLICE	parrò parrai parrà parremo parrete parranno	perderò perderai perderà perderemo perderete perderanno	persuaderò persuaderai persuaderà persuaderemo persuaderete persuaderanno	piacerò piacerai piacerà piaceremo piacerete piaceranno
CONGIUNTIVO	PRESENTE	paia paia paia paiamo paiate paiano	perda perda perda perdiamo perdiate perdano	persuada persuada persuada persuadiamo persuadiate persuadano	piaccia piaccia piaccia piacciamo piacciate piacciano
	IMPERFETTO	paressi paressi paresse paressimo pareste paressero	perdessi perdessi perdesse perdessimo perdeste perdessero	persuadessi persuadessi persuadesse persuadessimo persuadeste persuadessero	piacessi piacessi piacesse piacessimo piaceste piacessero
CONDIZIONALE	PRESENTE	parrei parresti parrebbe parremmo parreste parrebbero	perderei perderesti perderebbe perderemmo perdereste perderebbero	persuaderei persuaderesti persuaderebbe persuaderemmo persuadereste persuaderebbero	piacerei piaceresti piacerebbe piaceremmo piacereste piacerebbero
IMPERATIVO		— — — — — —	— perdi perda perdiamo perdete perdano	— persuadi persuada persuadiamo persuadete persuadano	— piaci piaccia piacciamo piacete piacciano
GERUNDIO		parendo	perdendo	persuadendo	piacendo
PARTICIPIO	PRESENTE	parvente	perdente	persuadente	piacente
	PASSATO	parso	perso	persuaso	piaciuto
INFINITO	PRESENTE	parere	perdere	persuadere	piacere
	PASSATO	essere parso	avere perso	avere persuaso	essere piaciuto

	VERBO	PIANGERE 울다	PIOVERE 비가 오다	PORGERE 주다, 제공하다	PORRE 놓다, 설정하다
INDICATIVO	PRESENTE	piango piangi piange piangiamo piangete piangono	piovo piovi piove pioviamo piovete piovono	porgo porgi porge porgiamo porgete porgono	pongo poni pone poniamo ponete pongono
	IMPERFETTO	piangevo piangevi piangeva piangevamo piangevate piangevano	piovevo piovevi pioveva piovevamo piovevate piovevano	porgevo porgevi porgeva porgevamo porgevate porgevano	ponevo ponevi poneva ponevamo ponevate ponevano
	PASSATO REMOTO	piansi piangesti pianse piangemmo piangeste piansero	piovvi piovesti piovve piovemmo pioveste piovvero	porsi porgesti porse porgemmo porgeste porsero	posi ponesti pose ponemmo poneste posero
	FUTURO SEMPLICE	piangerò piangerai piangerà piangeremo piangerete piangeranno	pioverò pioverai pioverà pioveremo pioverete pioveranno	porgerò porgerai porgerà porgeremo porgerete porgeranno	porrò porrai porrà porremo porrete porranno
CONGIUNTIVO	PRESENTE	pianga pianga pianga piangiamo piangiate piangano	piova piova piova pioviamo pioviate piovano	porga porga porga porgiamo porgiate porgano	ponga ponga ponga poniamo poniate pongano
	IMPERFETTO	piangessi piangessi piangesse piangessimo piangeste piangessero	piovessi piovessi piovesse piovessimo pioveste piovessero	porgessi porgessi porgesse porgessimo porgeste porgessero	ponessi ponessi ponesse ponessimo poneste ponessero
CONDIZIONALE	PRESENTE	piangerei piangeresti piangerebbe piangeremmo piangereste piangerebbero	pioverei pioveresti pioverebbe pioveremmo piovereste pioverebbero	porgerei porgeresti porgerebbe porgeremmo porgereste porgerebbero	porrei porresti porrebbe porremmo porreste porrebbero
IMPERATIVO		— piangi pianga piangiamo piangete piangano	— piovi piova pioviamo piovete piovano	— porgi porga porgiamo porgete porgano	— poni ponga poniamo ponete pongano
GERUNDIO		piangendo	piovendo	porgendo	ponendo
PARTICIPIO	PRESENTE	piangente	piovente	porgente	ponente
	PASSATO	pianto	piovuto	porto	posto
INFINITO	PRESENTE	piangere	piovere	porgere	porre
	PASSATO	avere pianto	avere piovuto	avere porto	avere posto

	VERBO	POTERE ~할 수 있다	PRENDERE 취하다, 잡다	PROPENDERE 기울어지다	PROTEGGERE 보호하다
INDICATIVO	PRESENTE	posso puoi può possiamo potete possono	prendo prendi prende prendiamo prendete prendono	propendo propendi propende propendiamo propendete propendono	proteggo proteggi protegge proteggiamo proteggete proteggono
	IMPERFETTO	potevo potevi poteva potevamo potevate potevano	prendevo prendevi prendeva prendevamo prendevate prendevano	propendevo propendevi propendeva propendevamo propendevate propendevano	proteggevo proteggevi proteggeva proteggevamo proteggevate proteggevano
	PASSATO REMOTO	potei potesti poté potemmo poteste poterono	presi prendesti prese prendemmo prendeste presero	propendei propendesti propendé propendemmo propendeste propenderono	protessi proteggesti protesse proteggemmo proteggeste protessero
	FUTURO SEMPLICE	potrò potrai potrà potremo potrete potranno	prenderò prenderai prenderà prenderemo prenderete prenderanno	propenderò propenderai propenderà propenderemo propenderete propenderanno	proteggerò proteggerai proteggerà proteggeremo proteggerete proteggeranno
CONGIUNTIVO	PRESENTE	possa possa possa possiamo possiate possano	prenda prenda prenda prendiamo prendiate prendano	propenda propenda propenda propendiamo propendiate propendano	protegga protegga protegga proteggiamo proteggiate proteggano
	IMPERFETTO	potessi potessi potesse potessimo poteste potessero	prendessi prendessi prendesse prendessimo prendeste prendessero	propendessi propendessi propendesse propendessimo propendeste propendessero	proteggessi proteggessi proteggesse proteggessimo proteggeste proteggessero
CONDIZIONALE	PRESENTE	potrei potresti potrebbe potremmo potreste potrebbero	prenderei prenderesti prenderebbe prenderemmo prendereste prenderebbero	propenderei propenderesti propenderebbe propenderemmo propendereste propenderebbero	proteggerei proteggeresti proteggerebbe proteggeremmo proteggereste proteggerebbero
IMPERATIVO		— — — — — 	— prendi prenda prendiamo prendete prendano	— propendi propenda propendiamo propendete propendano	— proteggi protegga proteggiamo proteggete proteggano
GERUNDIO		potendo	prendendo	propendendo	proteggendo
PARTICIPIO	PRESENTE	potente	prendente	propendente	proteggente
	PASSATO	potuto	preso	propenduto	protetto
INFINITO	PRESENTE	potere	prendere	propendere	proteggere
	PASSATO	avere potuto	avere preso	avere propenduto	avere protetto

	VERBO	PUNGERE 찌르다	RADERE 깎다, 면도하다	REDIGERE 작성(편집)하다	REDIMERE 구원하다
INDICATIVO	PRESENTE	pungo pungi punge pungiamo pungete pungono	rado radi rade radiamo radete radono	redigo redigi redige redigiamo redigete redigono	redimo redimi redime redimiamo redimete redimono
	IMPERFETTO	pungevo pungevi pungeva pungevamo pungevate pungevano	radevo radevi radeva radevamo radevate radevano	redigevo redigevi redigeva redigevamo redigevate redigevano	redimevo redimevi redimeva redimevamo redimevate redimevano
	PASSATO REMOTO	punsi pungesti punse pungemmo pungeste punsero	rasi radesti rase rademmo radeste rasero	redassi redigesti redasse redigemmo redigeste redassero	redensi redimesti redense redimemmo redimeste redensero
	FUTURO SEMPLICE	pungerò pungerai pungerà pungeremo pungerete pungeranno	raderò raderai raderà raderemo raderete raderanno	redigerò redigerai redigerà redigeremo redigerete redigeranno	redimerò redimerai redimerà redimeremo redimerete redimeranno
CONGIUNTIVO	PRESENTE	punga punga punga pungiamo pungiate pungano	rada rada rada radiamo radiate radano	rediga rediga rediga redigiamo redigiate redigano	redima redima redima redimiamo redimiate redimano
	IMPERFETTO	pungessi pungessi pungesse pungessimo pungeste pungessero	radessi radessi radesse radessimo radeste radessero	redigessi redigessi redigesse redigessimo redigeste redigessero	redimessi redimessi redimesse redimessimo redimeste redimessero
CONDIZIONALE	PRESENTE	pungerei pungeresti pungerebbe pungeremmo pungereste pungerebbero	raderei raderesti raderebbe raderemmo radereste raderebbero	redigerei redigeresti redigerebbe redigeremmo redigereste redigerebbero	redimerei redimeresti redimerebbe redimeremmo redimereste redimerebbero
IMPERATIVO		— pungi punga pungiamo pungete pungano	— radi rada radiamo radete radano	— redigi rediga redigiamo redigete redigano	— redimi redima redimiamo redimete redimano
GERUNDIO		pungendo	radendo	redigendo	redimendo
PARTICIPIO	PRESENTE	pungente	radente	redigente	redimente
	PASSATO	punto	raso	redatto	redento
INFINITO	PRESENTE	pungere	radere	redigere	redimere
	PASSATO	avere punto	avere raso	avere redatto	avere redento

	VERBO	REGGERE 지탱하다	RENDERE 돌려주다	RIDERE 웃다	RIFULGERE (반짝반짝) 빛나다
INDICATIVO	PRESENTE	reggo reggi regge reggiamo reggete reggono	rendo rendi rende rendiamo rendete rendono	rido ridi ride ridiamo ridete ridono	rifulgo rifulgi rifulge rifulgiamo rifulgete rifulgono
	IMPERFETTO	reggevo reggevi reggeva reggevamo reggevate reggevano	rendevo rendevi rendeva rendevamo rendevate rendevano	ridevo ridevi rideva ridevamo ridevate ridevano	rifulgevo rifulgevi rifulgeva rifulgevamo rifulgevate rifulgevano
	PASSATO REMOTO	ressi reggesti resse reggemmo reggeste ressero	resi rendesti rese rendemmo rendeste resero	risi ridesti rise ridemmo rideste risero	rifulsi rifulgesti rifulse rifulgemmo rifulgeste rifulsero
	FUTURO SEMPLICE	reggerò reggerai reggerà reggeremo reggerete reggeranno	renderò renderai renderà renderemo renderete renderanno	riderò riderai riderà rideremo riderete rideranno	rifulgerò rifulgerai rifulgerà rifulgeremo rifulgerete rifulgeranno
CONGIUNTIVO	PRESENTE	regga regga regga reggiamo reggiate reggano	renda renda renda rendiamo rendiate rendano	rida rida rida ridiamo ridiate ridano	rifulga rifulga rifulga rifulgiamo rifulgiate rifulgano
	IMPERFETTO	reggessi reggessi reggesse reggessimo reggeste reggessero	rendessi rendessi rendesse rendessimo rendeste rendessero	ridessi ridessi ridesse ridessimo rideste ridessero	rifulgessi rifulgessi rifulgesse rifulgessimo rifulgeste rifulgessero
CONDIZIONALE	PRESENTE	reggerei reggeresti reggerebbe reggeremmo reggereste reggerebbero	renderei renderesti renderebbe renderemmo rendereste renderebbero	riderei rideresti riderebbe rideremmo ridereste riderebbero	rifulgerei rifulgeresti rifulgerebbe rifulgeremmo rifulgereste rifulgerebbero
IMPERATIVO		— reggi regga reggiamo reggete reggano	— rendi renda rendiamo rendete rendano	— ridi rida ridiamo ridete ridano	— rifulgi rifulga rifulgiamo rifulgete rifulgano
GERUNDIO		reggendo	rendendo	ridendo	rifulgendo
PARTICIPIO	PRESENTE	reggente	rendente	ridente	rifulgente
	PASSATO	retto	reso	riso	rifulso
INFINITO	PRESENTE	reggere	rendere	ridere	rifulgere
	PASSATO	avere retto	avere reso	avere riso	avere rifulso

	VERBO	RIMANERE 머물다	RISPONDERE 대답하다	RODERE 썹다, 이빨로 물다	ROMPERE 파손시키다
INDICATIVO	PRESENTE	rimango rimani rimane rimaniamo rimanete rimangono	rispondo rispondi risponde rispondiamo rispondete rispondono	rodo rodi rode rodiamo rodete rodono	rompo rompi rompe rompiamo rompete rompono
	IMPERFETTO	rimanevo rimanevi rimaneva rimanevamo rimanevate rimanevano	rispondevo rispondevi rispondeva rispondevamo rispondevate rispondevano	rodevo rodevi rodeva rodevamo rodevate rodevano	rompevo rompevi rompeva rompevamo rompevate rompevano
	PASSATO REMOTO	rimasi rimanesti rimase rimanemmo rimaneste rimasero	risposi rispondesti rispose rispondemmo rispondeste risposero	rosi rodesti rose rodemmo rodeste rosero	ruppi rompesti ruppe rompemmo rompeste ruppero
	FUTURO SEMPLICE	rimarrò rimarrai rimarrà rimarremo rimarrete rimarranno	risponderò risponderai risponderà risponderemo risponderete risponderanno	roderò roderai roderà roderemo roderete roderanno	romperò romperai romperà romperemo romperete romperanno
CONGIUNTIVO	PRESENTE	rimanga rimanga rimanga rimaniamo rimaniate rimangano	risponda risponda risponda rispondiamo rispondiate rispondano	roda roda roda rodiamo rodiate rodano	rompa rompa rompa rompiamo rompiate rompano
	IMPERFETTO	rimanessi rimanessi rimanesse rimanessimo rimaneste rimanessero	rispondessi rispondessi rispondesse rispondessimo rispondeste rispondessero	rodessi rodessi rodesse rodessimo rodeste rodessero	rompessi rompessi rompesse rompessimo rompeste rompessero
CONDIZIONALE	PRESENTE	rimarrei rimarresti rimarrebbe rimarremmo rimarreste rimarrebbero	risponderei risponderesti risponderebbe risponderemmo rispondereste risponderebbero	roderei roderesti roderebbe roderemmo rodereste roderebbero	romperei romperesti romperebbe romperemmo rompereste romperebbero
IMPERATIVO		— rimani rimanga rimaniamo rimanete rimangano	— rispondi risponda rispondiamo rispondete rispondano	— rodi roda rodiamo rodete rodano	— rompi rompa rompiamo rompete rompano
GERUNDIO		rimanendo	rispondendo	rodendo	rompendo
PARTICIPIO	PRESENTE	rimanente	rispondente	rodente	rompente
	PASSATO	rimasto	risposto	roso	rotto
INFINITO	PRESENTE	rimanere	rispondere	rodere	rompere
	PASSATO	essere rimasto	avere risposto	avere roso	avere rotto

	VERBO	SALIRE 오르다	SAPERE 알다	SCEGLIERE 선택하다	SCENDERE 내려가다
INDICATIVO	PRESENTE	salgo	so	scelgo	scendo
		sali	sai	scegli	scendi
		sale	sa	sceglie	scende
		saliamo	sappiamo	scegliamo	scendiamo
		salite	sapete	scegliete	scendete
		salgono	sanno	scelgono	scendono
	IMPERFETTO	salivo	sapevo	sceglievo	scendevo
		salivi	sapevi	sceglievi	scendevi
		saliva	sapeva	sceglieva	scendeva
		salivamo	sapevamo	sceglievamo	scendevamo
		salivate	sapevate	sceglievate	scendevate
		salivano	sapevano	sceglievano	scendevano
	PASSATO REMOTO	salii	seppi	scelsi	scesi
		salisti	sapesti	scegliesti	scendesti
		salì	seppe	scelse	scese
		salimmo	sapemmo	scegliemmo	scendemmo
		saliste	sapeste	sceglieste	scendeste
		salirono	seppero	scelsero	scesero
	FUTURO SEMPLICE	salirò	saprò	sceglierò	scenderò
		salirai	saprai	sceglierai	scenderai
		salirà	saprà	sceglierà	scenderà
		saliremo	sapremo	sceglieremo	scenderemo
		salirete	saprete	sceglierete	scenderete
		saliranno	sapranno	sceglieranno	scenderanno
CONGIUNTIVO	PRESENTE	salga	sappia	scelga	scenda
		salga	sappia	scelga	scenda
		salga	sappia	scelga	scenda
		saliamo	sappiamo	scegliamo	scendiamo
		saliate	sappiate	scegliate	scendiate
		salgano	sappiano	scelgano	scendano
	IMPERFETTO	salissi	sapessi	scegliessi	scendessi
		salissi	sapessi	scegliessi	scendessi
		salisse	sapesse	scegliesse	scendesse
		salissimo	sapessimo	scegliessimo	scendessimo
		saliste	sapeste	sceglieste	scendeste
		salissero	sapessero	scegliessero	scendessero
CONDIZIONALE	PRESENTE	salirei	saprei	sceglierei	scenderei
		saliresti	sapresti	sceglieresti	scenderesti
		salirebbe	saprebbe	sceglierebbe	scenderebbe
		saliremmo	sapremmo	sceglieremmo	scenderemmo
		salireste	sapreste	scegliereste	scendereste
		salirebbero	saprebbero	sceglierebbero	scenderebbero
IMPERATIVO		—	—	—	—
		sali	sappi	scegli	scendi
		salga	sappia	scelga	scenda
		saliamo	sappiamo	scegliamo	scendiamo
		salite	sapete	scegliete	scendete
		salgano	sappiano	scelgano	scendano
GERUNDIO		salendo	sapendo	scegliendo	scendendo
PARTICIPIO	PRESENTE	salente	sapiente	scegliente	scendente
	PASSATO	salito	saputo	scelto	sceso
INFINITO	PRESENTE	salire	sapere	scegliere	scendere
	PASSATO	avere salito	avere saputo	avere scelto	essere sceso

	VERBO	SCINDERE 분할하다, 가르다	SCIOGLIERE 풀다	SCRIVERE 쓰다	SCUOTERE 흔들다
INDICATIVO	PRESENTE	scindo scindi scinde scindiamo scindete scindono	sciolgo sciogli scioglie sciogliamo sciogliete sciolgono	scrivo scrivi scrive scriviamo scrivete scrivono	scuoto scuoti scuote scuotiamo scuotete scuotono
	IMPERFETTO	scindevo scindevi scindeva scindevamo scindevate scindevano	scioglievo scioglievi scioglieva scioglievamo scioglievate scioglievano	scrivevo scrivevi scriveva scrivevamo scrivevate scrivevano	scuotevo scuotevi scuoteva scuotevamo scuotevate scuotevano
	PASSATO REMOTO	scissi scindesti scisse scindemmo scindeste scissero	sciolsi sciogliesti sciolse sciogliemmo scioglieste sciolsero	scrissi scrivesti scrisse scrivemmo scriveste scrissero	scossi scuotesti scosse scuotemmo scuoteste scossero
	FUTURO SEMPLICE	scinderò scinderai scinderà scinderemo scinderete scinderanno	scioglierò scioglierai scioglierà scioglieremo scioglierete scioglieranno	scriverò scriverai scriverà scriveremo scriverete scriveranno	scuoterò scuoterai scuoterà scuoteremo scuoterete scuoteranno
CONGIUNTIVO	PRESENTE	scinda scinda scinda scindiamo scindiate scindano	sciolga sciolga sciolga sciogliamo sciogliate sciolgano	scriva scriva scriva scriviamo scriviate scrivano	scuota scuota scuota scuotiamo scuotiate scuotano
	IMPERFETTO	scindessi scindessi scindesse scindessimo scindeste scindessero	sciogliessi sciogliessi sciogliesse sciogliessimo scioglieste sciogliessero	scrivessi scrivessi scrivesse scrivessimo scriveste scrivessero	scuotessi scuotessi scuotesse scuotessimo scuoteste scuotessero
CONDIZIONALE	PRESENTE	scinderei scinderesti scinderebbe scinderemmo scindereste scinderebbero	scioglierei scioglieresti scioglierebbe scioglieremmo sciogliereste scioglierebbero	scriverei scriveresti scriverebbe scriveremmo scrivereste scriverebbero	scuoterei scuoteresti scuoterebbe scuoteremmo scuotereste scuoterebbero
IMPERATIVO		— scindi scinda scindiamo scindete scindano	— sciogli sciolga sciogliamo sciogliete sciolgano	— scrivi scriva scriviamo scrivete scrivano	— scuoti scuota scuotiamo scuotete scuotano
GERUNDIO		scindendo	sciogliendo	scrivendo	scuotendo
PARTICIPIO	PRESENTE	scindente	sciogliente	scrivente	scuotente
	PASSATO	scisso	sciolto	scritto	scosso
INFINITO	PRESENTE	scindere	sciogliere	scrivere	scuotere
	PASSATO	avere scisso	avere sciolto	avere scritto	avere scosso

	VERBO	SEDERE 앉다	SEPPELLIRE 매장하다	SORGERE 솟아오르다	SPANDERE 펼치다
INDICATIVO	PRESENTE	siedo siedi siede sediamo sedete siedono	seppellisco seppellisci seppellisce seppelliamo seppellite seppelliscono	sorgo sorgi sorge sorgiamo sorgete sorgono	spando spandi spande spandiamo spandete spandono
	IMPERFETTO	sedevo sedevi sedeva sedevamo sedevate sedevano	seppellivo seppellivi seppelliva seppellivamo seppellivate seppellivano	sorgevo sorgevi sorgeva sorgevamo sorgevate sorgevano	spandevo spandevi spandeva spandevamo spandevate spandevano
	PASSATO REMOTO	sedei sedesti sedé sedemmo sedeste sederono	seppellii seppellisti seppellì seppellimmo seppelliste seppellirono	sorsi sorgesti sorse sorgemmo sorgeste sorsero	spandei spandesti spandé spandemmo spandeste spansero
	FUTURO SEMPLICE	siederò siederai siederà siederemo sederete sederanno	seppellirò seppellirai seppellirà seppelliremo seppellirete seppelliranno	sorgerò sorgerai sorgerà sorgeremo sorgerete sorgeranno	spanderò spanderai spanderà spanderemo spanderete spanderanno
CONGIUNTIVO	PRESENTE	sieda sieda sieda sediamo sediate siedano	seppellisca seppellisca seppellisca seppelliamo seppelliate seppelliscano	sorga sorga sorga sorgiamo sorgiate sorgano	spanda spanda spanda spandiamo spandiate spandano
	IMPERFETTO	sedessi sedessi sedesse sedessimo sedeste sedessero	seppellissi seppellissi seppellisse seppellissimo seppelliste seppellissero	sorgessi sorgessi sorgesse sorgessimo sorgeste sorgessero	spandessi spandessi spandesse spandessimo spandeste spandessero
CONDIZIONALE	PRESENTE	siederei siederesti siederebbe siederemmo siedereste siederebbero	seppellirei seppelliresti seppellirebbe seppelliremmo seppellireste seppellirebbero	sorgerei sorgeresti sorgerebbe sorgeremmo sorgereste sorgerebbero	spanderei spanderesti spanderebbe spanderemmo spandereste spanderebbero
IMPERATIVO		— siedi sieda sediamo sedete siedano	— seppellisci seppellisca seppelliamo seppellite seppelliscano	— sorgi sorga sorgiamo sorgete sorgano	— spandi spanda spandiamo spandete spandano
GERUNDIO		sedendo	seppellendo	sorgendo	spandendo
PARTICIPIO	PRESENTE	sedente	seppellente	sorgente	spandente
	PASSATO	seduto	seppellito	sorto	spanso
INFINITO	PRESENTE	sedere	seppellire	sorgere	spandere
	PASSATO	essere seduto	avere seppellito	essere sorto	avere spanso

	VERBO	SPEGNERE 끄다	SPINGERE 밀다	STARE 있다, 머무르다	STRINGERE 단단히 죄다
INDICATIVO	PRESENTE	spengo spegni spegne spegniamo spegnete spengono	spingo spingi spinge spingiamo spingete spingono	sto stai sta stiamo state stanno	stringo stringi stringe stringiamo stringete stringono
	IMPERFETTO	spegnevo spegnevi spegneva spegnevamo spegnevate spegnevano	spingevo spingevi spingeva spingevamo spingevate spingevano	stavo stavi stava stavamo stavate stavano	stringevo stringevi stringeva stringevamo stringevate stringevano
	PASSATO REMOTO	spensi spegnesti spense spegnemmo spegneste spensero	spinsi spingesti spinse spingemmo spingeste spinsero	stetti stesti stette stemmo steste stettero	strinsi stringesti strinse stringemmo stringeste strinsero
	FUTURO SEMPLICE	spegnerò spegnerai spegnerà spegneremo spegnerete spegneranno	spingerò spingerai spingerà spingeremo spingerete spingeranno	starò starai starà staremo starete staranno	stringerò stringerai stringerà stringeremo stringerete stringeranno
CONGIUNTIVO	PRESENTE	spenga spenga spenga spegniamo spegniate spengano	spinga spinga spinga spingiamo spingiate spingano	stia stia stia stiamo stiate stiano	stringa stringa stringa stringiamo stringiate stringano
	IMPERFETTO	spegnessi spegnessi spegnesse spegnessimo spegneste spegnessero	spingessi spingessi spingesse spingessimo spingeste spingessero	stessi stessi stesse stessimo steste stessero	stringessi stringessi stringesse stringessimo stringeste stringessero
CONDIZIONALE	PRESENTE	spegnerei spegneresti spegnerebbe spegneremmo spegnereste spegnerebbero	spingerei spingeresti spingerebbe spingeremmo spingereste spingerebbero	starei staresti starebbe staremmo stareste starebbero	stringerei stringeresti stringerebbe stringeremmo stringereste stringerebbero
IMPERATIVO		— spegni spenga spegniamo spegnete spengano	— spingi spinga spingiamo spingete spingano	— stai, sta' stia stiamo state stiano	— stringi stringa stringiamo stringete stringano
GERUNDIO		spegnendo	spingendo	stando	stringendo
PARTICIPIO	PRESENTE	spegnente	spingente	stante	stringente
	PASSATO	spento	spinto	stato	stretto
INFINITO	PRESENTE	spegnere	spingere	stare	stringere
	PASSATO	avere spento	avere spinto	essere stato	avere stretto

	VERBO	STRUGGERE 녹이다, 용해하다	SUCCEDERE (일이) 일어나다	SVELLERE 뽑다, 근절시키다	TACERE 침묵하다
INDICATIVO	PRESENTE	struggo struggi strugge struggiamo struggete struggono	succedo succedi succede succediamo succedete succedono	svello svelli svelle svelliamo svellete svellono	taccio taci tace taciamo tacete tacciono
	IMPERFETTO	struggevo struggevi struggeva struggevamo struggevate struggevano	succedevo succedevi succedeva succedevamo succedevate succedevano	svellevo svellevi svelleva svellevamo svellevate svellevano	tacevo tacevi taceva tacevamo tacevate tacevano
	PASSATO REMOTO	strussi struggesti strusse struggemmo struggeste strussero	successi succedesti successe succedemmo succedeste successero	svelsi svellesti svelse svellemmo svelleste svelsero	tacqui tacesti tacque tacemmo taceste tacquero
	FUTURO SEMPLICE	struggerò struggerai struggerà struggeremo struggerete struggeranno	succederò succederai succederà succederemo succederete succederanno	svellerò svellerai svellerà svelleremo svellerete svelleranno	tacerò tacerai tacerà taceremo tacerete taceranno
CONGIUNTIVO	PRESENTE	strugga strugga strugga struggiamo struggiate struggano	succeda succeda succeda succediamo succediate succedano	svella svella svella svelliamo svelliate svellano	taccia taccia taccia tacciamo tacciate tacciano
	IMPERFETTO	struggessi struggessi struggesse struggessimo struggeste struggessero	succedessi succedessi succedesse succedessimo succedeste succedessero	svellessi svellessi svellesse svellessimo svelleste svellessero	tacessi tacessi tacesse tacessimo taceste tacessero
CONDIZIONALE	PRESENTE	struggerei struggeresti struggerebbe struggeremmo struggereste struggerebbero	succederei succederesti succederebbe succederemmo succedereste succederebbero	svellerei svelleresti svellerebbe svelleremmo svellereste svellerebbero	tacerei taceresti tacerebbe taceremmo tacereste tacerebbero
IMPERATIVO		— struggi strugga struggiamo struggete struggano	— succedi succeda succediamo succedete succedano	— svelli svella svelliamo svellete svellano	— taci taccia tacciamo tacete tacciano
GERUNDIO		struggendo	succedendo	svellendo	tacendo
PARTICIPIO	PRESENTE	struggente	succedente	svellente	tacente
	PASSATO	strutto	successo	svelto	taciuto
INFINITO	PRESENTE	struggere	succedere	svellere	tacere
	PASSATO	avere strutto	essere successo	avere svelto	avere taciuto

		TENDERE 넓히다	TENERE 잡다, 쥐다	TERGERE (땀, 눈물) 닦다	TINGERE 염색하다
	VERBO				
INDICATIVO	PRESENTE	tendo	tengo	tergo	tingo
		tendi	tieni	tergi	tingi
		tende	tiene	terge	tinge
		tendiamo	teniamo	tergiamo	tingiamo
		tendete	tenete	tergete	tingete
		tendono	tengono	tergono	tingono
	IMPERFETTO	tendevo	tenevo	tergevo	tingevo
		tendevi	tenevi	tergevi	tingevi
		tendeva	teneva	tergeva	tingeva
		tendevamo	tenevamo	tergevamo	tingevamo
		tendevate	tenevate	tergevate	tingevate
		tendevano	tenevano	tergevano	tingevano
	PASSATO REMOTO	tesi	tenni	tersi	tinsi
		tendesti	tenesti	tergesti	tingesti
		tese	tenne	terse	tinse
		tendemmo	tenemmo	tergemmo	tingemmo
		tendeste	teneste	tergeste	tingeste
		tesero	tennero	tersero	tinsero
	FUTURO SEMPLICE	tenderò	terrò	tergerò	tingerò
		tenderai	terrai	tergerai	tingerai
		tenderà	terrà	tergerà	tingerà
		tenderemo	terremo	tergeremo	tingeremo
		tenderete	terrete	tergerete	tingerete
		tenderanno	terranno	tergeranno	tingeranno
CONGIUNTIVO	PRESENTE	tenda	tenga	terga	tinga
		tenda	tenga	terga	tinga
		tenda	tenga	terga	tinga
		tendiamo	teniamo	tergiamo	tingiamo
		tendiate	teniate	tergiate	tingiate
		tendano	tengano	tergano	tingano
	IMPERFETTO	tendessi	tenessi	tergessi	tingessi
		tendessi	tenessi	tergessi	tingessi
		tendesse	tenesse	tergesse	tingesse
		tendessimo	tenessimo	tergessimo	tingessimo
		tendeste	teneste	tergeste	tingeste
		tendessero	tenessero	tergessero	tingessero
CONDIZIONALE	PRESENTE	tenderei	terrei	tergerei	tingerei
		tenderesti	terresti	tergeresti	tingeresti
		tenderebbe	terrebbe	tergerebbe	tingerebbe
		tenderemmo	terremmo	tergeremmo	tingeremmo
		tendereste	terreste	tergereste	tingereste
		tenderebbero	terrebbero	tergerebbero	tingerebbero
IMPERATIVO		—	—	—	—
		tendi	tieni	tergi	tingi
		tenda	tenga	terga	tinga
		tendiamo	teniamo	tergiamo	tingiamo
		tendete	tenete	tergete	tingete
		tendano	tengano	tergano	tingano
GERUNDIO		tendendo	tenendo	tergendo	tingendo
PARTICIPIO	PRESENTE	tendente	tenente	tergente	tingente
	PASSATO	teso	tenuto	terso	tinto
INFINITO	PRESENTE	tendere	tenere	tergere	tingere
	PASSATO	avere teso	avere tenuto	avere terso	avere tinto

	VERBO	TOGLIERE 제거하다, 없애다	TORCERE 짜다, 비틀다	TRARRE 끌다	UDIRE 듣다, 청취하다
INDICATIVO	PRESENTE	tolgo togli toglie togliamo togliete tolgono	torco torci torce torciamo torcete torcono	traggo trai trae traiamo traete traggono	odo odi ode udiamo udite odono
	IMPERFETTO	toglievo toglievi toglieva toglievamo toglievate toglievano	torcevo torcevi torceva torcevamo torcevate torcevano	traevo traevi traeva traevamo traevate traevano	udivo udivi udiva udivamo udivate udivano
	PASSATO REMOTO	tolsi togliesti tolse togliemmo toglieste tolsero	torsi torcesti torse torcemmo torceste torsero	trassi traesti trasse traemmo traeste trassero	udii udisti udì udimmo udiste udirono
	FUTURO SEMPLICE	toglierò toglierai toglierà toglieremo toglierete toglieranno	torcerò torcerai torcerà torceremo torcerete torceranno	trarrò trarrai trarrà trarremo trarrete trarranno	udirò udirai udirà udiremo udirete udiranno
CONGIUNTIVO	PRESENTE	tolga tolga tolga togliamo togliate tolgano	torca torca torca torciamo torciate torcano	tragga tragga tragga traiamo traiate traggano	oda oda oda udiamo udiate odano
	IMPERFETTO	togliessi togliessi togliesse togliessimo toglieste togliessero	torcessi torcessi torcesse torcessimo torceste torcessero	traessi traessi traesse traessimo traeste traessero	udissi udissi udisse udissimo udiste udissero
CONDIZIONALE	PRESENTE	toglierei toglieresti toglierebbe toglieremmo togliereste toglierebbero	torcerei torceresti torcerebbe torceremmo torcereste torcerebbero	trarrei trarresti trarrebbe trarremmo trarreste trarrebbero	udirei udiresti udirebbe udiremmo udireste udirebbero
IMPERATIVO		— togli tolga togliamo togliete tolgano	— torci torca torciamo torcete torcano	— trai tragga traiamo traete traggano	— odi oda udiamo udite odano
GERUNDIO		togliendo	torcendo	traendo	udendo
PARTICIPIO	PRESENTE	togliente	torcente	traente	udente
	PASSATO	tolto	torto	tratto	udito
INFINITO	PRESENTE	togliere	torcere	trarre	udire
	PASSATO	avere tolto	avere torto	avere tratto	avere udito

	VERBO	UNGERE 기름을 바르다	USCIRE 나가다	VALERE 가치가 있다	VEDERE 보다
INDICATIVO	PRESENTE	ungo ungi unge ungiamo ungete ungono	esco esci esce usciamo uscite escono	valgo vali vale valiamo valete valgono	vedo vedi vede vediamo vedete vedono
	IMPERFETTO	ungevo ungevi ungeva ungevamo ungevate ungevano	uscivo uscivi usciva uscivamo uscivate uscivano	valevo valevi valeva valevamo valevate valevano	vedevo vedevi vedeva vedevamo vedevate vedevano
	PASSATO REMOTO	unsi ungesti unse ungemmo ungeste unsero	uscii uscisti uscì uscimmo usciste uscirono	valsi valesti valse valemmo valeste valsero	vidi vedesti vide vedemmo vedeste videro
	FUTURO SEMPLICE	ungerò ungerai ungerà ungeremo ungerete ungeranno	uscirò uscirai uscirà usciremo uscirete usciranno	varrò varrai varrà varremo varrete varranno	vedrò vedrai vedrà vedremo vedrete vedranno
CONGIUNTIVO	PRESENTE	unga unga unga ungiamo ungiate ungano	esca esca esca usciamo usciate escano	valga valga valga valiamo valiate valgano	veda veda veda vediamo vediate vedano
	IMPERFETTO	ungessi ungessi ungesse ungessimo ungeste ungessero	uscissi uscissi uscisse uscissimo usciste uscissero	valessi valessi valesse valessimo valeste valessero	vedessi vedessi vedesse vedessimo vedeste vedessero
CONDIZIONALE	PRESENTE	ungerei ungeresti ungerebbe ungeremmo ungereste ungerebbero	uscirei usciresti uscirebbe usciremmo uscireste uscirebbero	varrei varresti varrebbe varremmo varreste varrebbero	vedrei vedresti vedrebbe vedremmo vedreste vedrebbero
IMPERATIVO		— ungi unga ungiamo ungete ungano	— esci esca usciamo uscite escano	— vali valga valiamo valete valgano	— vedi veda vediamo vedete vedano
GERUNDIO		ungendo	uscendo	valendo	vedendo
PARTICIPIO	PRESENTE	ungente	uscente	valente	vedente
	PASSATO	unto	uscito	valso	visto
INFINITO	PRESENTE	ungere	uscire	valere	vedere
	PASSATO	avere unto	essere uscito	avere valso	avere visto

	VERBO	VENIRE 오다	VINCERE 승리하다	VIVERE 살다	VOLERE ~을 원하다
INDICATIVO	PRESENTE	vengo vieni viene veniamo venite vengono	vinco vinci vince vinciamo vincete vincono	vivo vivi vive viviamo vivete vivono	voglio vuoi vuole vogliamo volete vogliono
	IMPERFETTO	venivo venivi veniva venivamo venivate venivano	vincevo vincevi vinceva vincevamo vincevate vincevano	vivevo vivevi viveva vivevamo vivevate vivevano	volevo volevi voleva volevamo volevate volevano
	PASSATO REMOTO	venni venisti venne venimmo veniste vennero	vinsi vincesti vinse vincemmo vinceste vinsero	vissi vivesti visse vivemmo viveste vissero	volli volesti volle volemmo voleste vollero
	FUTURO SEMPLICE	verrò verrai verrà verremo verrete verranno	vincerò vincerai vincerà vinceremo vincerete vinceranno	vivrò vivrai vivrà vivremo vivrete vivranno	vorrò vorrai vorrà vorremo vorrete vorranno
CONGIUNTIVO	PRESENTE	venga venga venga veniamo veniate vengano	vinca vinca vinca vinciamo vinciate vincano	viva viva viva viviamo viviate vivano	voglia voglia voglia vogliamo vogliate vogliano
	IMPERFETTO	venissi venissi venisse venissimo veniste venissero	vincessi vincessi vincesse vincessimo vinceste vincessero	vivessi vivessi vivesse vivessimo viveste vivessero	volessi volessi volesse volessimo voleste volessero
CONDIZIONALE	PRESENTE	verrei verresti verrebbe verremmo verreste verrebbero	vincerei vinceresti vincerebbe vinceremmo vincereste vincerebbero	vivrei vivresti vivrebbe vivremmo vivreste vivrebbero	vorrei vorresti vorrebbe vorremmo vorreste vorrebbero
IMPERATIVO		— vieni venga veniamo venite vengano	— vinci vinca vinciamo vincete vincano	— vivi viva viviamo vivete vivano	— vuoi voglia vogliamo volete vogliano
GERUNDIO		venendo	vincendo	vivendo	volendo
PARTICIPIO	PRESENTE	venente	vincente	vivente	volente
	PASSATO	venuto	vinto	vissuto	voluto
INFINITO	PRESENTE	venire	vincere	vivere	volere
	PASSATO	essere venuto	avere vinto	avere vissuto	avere voluto

	VERBO	VOLGERE 돌리다, 회전시키다
INDICATIVO	PRESENTE	volgo volgi volge volgiamo volgete volgono
	IMPERFETTO	volgevo volgevi volgeva volgevamo volgevate volgevano
	PASSATO REMOTO	volsi volgesti volse volgemmo volgeste volsero
	FUTURO SEMPLICE	volgerò volgerai volgerà volgeremo volgerete volgeranno
CONGIUNTIVO	PRESENTE	volga volga volga volgiamo volgiate volgano
	IMPERFETTO	volgessi volgessi volgesse volgessimo volgeste volgessero
CONDIZIONALE	PRESENTE	volgerei volgeresti volgerebbe volgeremmo volgereste volgerebbero
IMPERATIVO		— volgi volga volgiamo volgete volgano
GERUNDIO		volgendo
PARTICIPIO	PRESENTE	volgente
	PASSATO	volto
INFINITO	PRESENTE	volgere
	PASSATO	avere volto